蘇我氏とは何か

前田晴人

同成社

はじめに

稲目・馬子・蝦夷・入鹿と続く四代の人物が本書でこれから検討する蘇我本宗家（蘇我大臣家）の主役たちである。蘇我氏は日本古代の歴史の中でもきわだって著名な氏族であり、また関連する史料もかなり豊富に残されているのであるが、それにもかかわらず肝心な部分で究明されないままに放置されているか、あるいは未だ謎のままになっている課題が多いのも事実である。

とりわけ蘇我本宗家にはその政治的性格・特質において二つの矛盾した側面が一貫して同居していると考えられる。歴代の大王とその権力を守衛し強化するという王統護持勢力の代表格としての側面と、国政を自ら領導し大王権侵奪の可能性を常に潜在させている強権的な一家という側面とであって、両者が同じ組織体の中で同居し葛藤している本質的な理由や根拠がこれまでほとんど問題視されたこともなく、また未だ十分に解き明かされてもいないのである。

こうした課題に体当たりしようとするのが本書の意図であり、それを解決するためには蘇我氏に関する二つの重要な基礎的問題を究明する必要があると考えている。すなわち、蘇我氏の系譜上の出自・素姓が何であるのか、その本拠地は一体どこであったのかという問題である。とりわけ私は次のような点で蘇我氏の歴史的実体について再考の要があると考えている。従来から蘇我氏は大王に仕える臣下という固定観念で捉えられてきた経緯があり、蘇我氏は大和または河内出身の典型的な在地豪族であるとみなされてきた。『古事記』や『日本書紀』は一貫して蘇我氏を大王と王権に仕える最有力の廷臣として描いており、われわれもまたこれまで蘇我氏をそのような存在として理解してきたのであるが、大王に臣従し仕奉する在地豪族という単線的な見方によって蘇我氏の本質を根本において捉えきることができるのであろうか。あるいは端的に言って蘇我氏は本当に在地豪族であったのだろうか。

そもそもこれまで古代史の研究者の多くは、『日本書紀』が描く蘇我本宗家のさまざまな行状について、書紀編者の造作・潤色の手が系統的に加えられているものと指摘してきた。書紀は蘇我の専権・専断を意図的に強調することにより、長らく正当な権力を抑圧され続け、本来あるべき姿の大王の統治権が阻害されてきた事情を説明しており、蘇我本宗家＝逆賊・悪逆の臣というように描くことによって乙巳の変の正当化を図り、王権の権力回復が道理ある自然な歴史的事態であったことを主張しようとしている。それを裏付けるために書紀は破滅した蘇我本宗家の実相を隠蔽し、関係史料にさまざまな造作・潤色・加工を施していると考えるのである。

しかしながら、書紀が描く歴史とは別に蘇我本宗家は自家の論理にしたがい専制主義的な権力政治を展開した。それもまた否定することのできない公然たる史実であろう。それでは蘇我本宗家の専制・専断の行為は一体何によってもたらされ、何を正当化の理由・根拠としていたのであろうか。欽明大王家の外戚となったことが蘇我の専権・横暴を生みだし助長した根源・要因であると説明するのがこれまでの通説的な理解であろう。

蘇我氏は稲目の時代には王統護持勢力として欽明王権の基盤を支える政治を主導しつつ、政略結婚により欽明王家・蘇我本宗家双方の血筋を継承する大王と王家を系統的に創り出すことに成功し、その安定した政治的遺産を継承した馬子の段階では、王権をよりいっそう強化する諸政策を打ち出しながらも、同時に蘇我の独善的な強権政治がさまざまな局面で萌芽するようになり、蝦夷・入鹿の時期になると大王家を蔑如し超越する僭上の行為を次々に行った。およそ一世紀半にわたる蘇我本宗家四代の歴史をながめわたしてみると、一介の在地豪族の波乱にとんだ興亡の歴史というだけでは何か割り切れないものが残る。その理由は本拠地の問題を含む蘇我氏の出自・素姓にあるというのが本書で新たに提起しようとする私の考えである。

〔付記〕本書では引用史料を除いて天皇名に○○大王、皇子女名に○○王子・○○王女、女性天皇の場合には推古女帝・推古大王などと記す方針であることをお断りしておきたい。「大王」号は允恭天皇の時期から始まると考えており、「天皇」号は天武・持統両天皇の時期以後に用いるように心がけることとする。

目次

装丁　吉永聖児

蘇我氏とは何か

第一章　蘇我石川系図の成立

Ⅰ　稲目以前の系譜

蘇我稲目以前の蘇我氏の歴史については不明な点や謎の部分が多い。『公卿補任』の宣化天皇御世の項に大臣蘇我稲目宿祢の名を掲げ、稲目は、

満智宿祢之曾孫、韓子之孫、高麗之子也。

と記されている。これによると蘇我氏には、満智―韓子―高麗―稲目という祖先系譜が存在したことがわかり、稲目の先祖は五世紀前半に遡ると伝えられていたことになる。『公卿補任』譜文の史料が何に依拠しているものかはにわかにはわからないが、『紀氏家牒』にも同様の記述がある。

系図に伝へて曰はく、蘇我稲目宿祢は、蘇我石河宿祢の玄孫、満智宿祢の曾孫、韓子宿祢の孫、馬背宿祢　亦高麗と曰ふ。　の子にして、宣化・欽明両朝に歴事へ、大臣と為る。

この伝記では、蘇我石河宿祢―満智―韓子―馬背（高麗）―稲目という系譜をたどることができ、満智の一代前にさらに石河宿祢を付け加えていることが判明する。そうすると、『公卿補任』の編纂史料は『紀氏家牒』の素材にされた「系図」にあることが推定され、この「系図」は蘇我石河（石川）系図と称すべ

きものであると言えるだろう。紀氏の家で珍重された伝記になぜ蘇我氏の系譜が掲記されているのかと言えば、紀と蘇我の両氏が同族とみなされていたからである。次の記事をご覧いただこう。

又木国造の祖、宇豆比古の妹、山下影日売を娶して、生める子、建内宿祢。此の建内宿祢の子、并せて九たり。男七、女二。波多八代宿祢は、波多臣、林臣、波美臣、星川臣、淡海臣、長谷部君の祖なり。次に許勢小柄宿祢は、許勢臣、雀部臣、軽部臣の祖なり。次に蘇賀石河宿祢は、蘇我臣、川辺臣、田中臣、高向臣、小治田臣、桜井臣、岸田臣等の祖なり。次に平群都久宿祢は、平群臣、佐和良臣、馬御樴連等の祖なり。次に木角宿祢は、木臣、都奴臣、坂本臣の祖なり。次に久米能摩伊刀比売。次に怒能伊呂比売。次に葛城の長江曾都毘古は、玉手臣、的臣、生江臣、阿芸那臣等の祖なり。又若子宿祢は、江野財臣の祖。

（『古事記』孝元段）

孝元天皇の一子比古布都押之信命が紀国造の女性山下影日売を娶って産んだのが建内宿祢で、宿祢には九人の子女があり、第三の子が蘇賀石河宿祢だと言うのである。そうすると、蘇我稲目の男系の祖先系譜は次のようになるだろう。

孝元天皇─比古布都押之信命─建内宿祢─蘇我石河宿祢─満智─韓子─高麗（馬背）─稲目

当該系譜によれば蘇我氏は天皇家に血筋がつながる皇別氏族であると言えるが、孝元天皇から建内宿祢までの系譜については後で少し詳しく検討する予定であり、すべて空想的・神話的な存在とみられるので、蘇我氏の氏祖に当たる人物としては当面のところでは『古事記』孝元段の系譜に記載のある蘇我石河宿祢とみておくのが無難であろう。

ところで、蘇我石河宿祢という人名は不可思議な性格を帯びている。石河は人名なのか地名なのかが明確ではないという問題である。満智宿祢・韓子宿祢・高麗宿祢などと同類の人名のようにも思われ、同族の他の氏族の場合にも、八代・小柄・都久・角などすべてが人名とみられるので、一見すると人名のようにも考えられるのであるが、石河は地名で蘇我石河という通称を名乗っていると言っても誤りではないのである。右の系譜の中で蘇賀石河宿祢は特別な存在なのであり、他の氏祖とは異なり蘇我石河という地名に基づく通称に由来する人名としての性格を帯びているように考えられる。なぜそのようになったのかと言うと、蘇賀石河宿祢の名が既存の建内宿祢系譜にかなり遅れた時期に参入したという事情があったからではなかろうか。

右京の人前長門守従五位下石川朝臣木村、散位正六位上箭口朝臣岑業は、石川箭口を改め、並びに姓宗岳朝臣を賜ふ。木村言す、始祖の大臣武内宿祢の男宗我石川は、河内国石川別業に生る。故に石川を以て名と為し、宗我大家を賜り居を為し、因りて姓宗我宿祢を賜る。浄御原天皇の十三年に姓朝臣を賜り、先祖の名を以て、子孫の姓と為し、諱を避けず。詔してこれを許す。

（『三代実録』元慶元年十二月二十七日条）

右は九世紀末葉の史料で、石川・箭口氏らも往年の勢力をすでに失っていたので、彼らの主張する内容にはかなりの誇張があることを想定しておく必要があると思う。木村・岑業らの言上によると、宗我石川宿祢の名は彼が生まれた河内国の石川別業に由来すると明記されており、「石川を以て名と為し」とあり、「宗我大家」に居を構えたので「因りて姓宗我宿祢を賜る」と主張しているので、宗我が氏称で石川が人名であることは明瞭である。しかるに、石川というのは改姓を申請した石川・箭口氏らが現に居住していた河内国石川郡あるいは石川別業の地名に由来することも明らかなのである。蘇賀石河・宗我石川の石河（石川）は人名ではあるが地名に起源があると考えてよいだろう。

そして、右の系譜にはさらに別の疑点がある。それは、蘇我石河宿祢から稲目までの人物には兄弟姉妹がひとりもいたようには記されておらず、あたかも父系直系系譜の様相を呈していることである。この事実は稲目以前の系譜が何らかの政治的理由に基づいて架上された虚構である蓋然性を示すものと言える。換言するならば、稲目以前の蘇我氏の系譜は本来このようなものではなく、本宗家が滅亡してから後の時期に建内宿祢に連結する偽系譜を強引に造作する必要が生じたのではなかろうか。その理由は蘇我氏を含む建内宿祢後裔諸氏族の共同の同族系譜を創り上げる目的による系譜の造作と架上である。

しかもとくに注意されるのは、蘇賀石河宿祢は建内宿祢の第一子とはされていないことである。大族であった蘇我氏の始祖が建内宿祢の三番目の子とされるのは、建内宿祢後裔諸氏族の中での蘇我氏の政治的地位に何らかの問題があったことを示唆するものであり、蘇賀石河系譜の造作された時期が新しいことを物語っているのではなかろうか。蘇我本宗家が政権を掌握していた時期に『古事記』のような系譜が作られたとはとても考え難いことであり、むしろ壬申の乱以後の蘇我氏の地位や立場を反映しているものと言えるのである。

石河宿祢に関しては『新撰姓氏録』に次のような記載がみえている。

　桜井朝臣　石川朝臣同祖、蘇我石川宿祢四世孫稲目宿祢大臣之後也。
　箭口朝臣　宗我石川宿祢四世孫稲目宿祢之後也。

（『新撰姓氏録』左京皇別上）

　これらの記載から稲目は蘇我石川宿祢の四世孫とあり、先の所伝と一致している。また、摂津国嶋上郡白髪郷酒垂山に埋葬された奈良時代後半の貴族石川朝臣年足の墓誌によれば、年足は「武内宿祢命の子宗我石川宿祢命の十世孫」である石足朝臣の長子であると記す。後掲の系図からも世系数が正しく記載されていることがわかる。そうすると、奈良時代以後の石川・桜井・箭口朝臣らは『紀氏家牒』や『古事記』に記定された蘇我石河宿祢の系譜を公式の祖先系譜と認識し、朝廷もそのように認定していたことになるのである。すなわち、石河から稲目に至る人物群は奈良時代以後の時期に公私にわたり蘇我氏の祖先であると考えられていたということになる。

　そこで、稲目以前の人物については『日本書紀』などの史料に次のような所伝があるので逐一検討を加えておくことにしたい。まず石河宿祢から開始しよう。

　是歳、百済の辰斯王立ちて、貴国の天皇のみために失礼し。故、紀角宿祢・羽田矢代宿祢・石川宿祢・木菟宿祢を遣して、其の礼无き状を嘖譲はしむ。是に由りて、百済国、辰斯王を殺して謝ひにき。紀角宿祢等、便に阿花を立てて王として帰れり。

（『日本書紀』応神三年是歳条）

この文章は『百済記』をベースとし書紀編者が大幅に手を加えてできたものである。『三国史記』百済本紀によると、辰斯王は三八六年に即位し三九二年に死没した。王は高句麗の大規模な侵略を受けたにもかかわらず狩猟に現を抜かし、行宮において変死を遂げたとする。後継者とされた阿花（阿莘）王は倭国との修好を促進し、三九七年には太子腆支を質として送り込んできた。

このような百済王の交替劇について、書紀は辰斯王の天皇への礼を欠いた姿勢と倭国使節の政治的圧力によるもののように描いているのであるが、事実は百済王家の内紛による権力闘争によって王位が交替したのであり、その内紛に倭国使節の滞在が何らかの政治的影響を与えた蓋然性が推定できる。変死した辰斯王に代わって即位した阿花王が倭国との交渉に積極的だったのは、百済王廷内の親倭派が権力を掌握したことと、三九一年に派遣された使節団がかなり大がかりで画期的な内容であったことによるものではなかろうか。

「高句麗好太王碑文」にみえる「辛卯年（三九一）」における倭勢力の渡海という記事については、まさしく右の伝記にみえる対百済使節の派遣を指しており、使節団の顔ぶれをみてもわかるように『古事記』孝元段にみえる建内宿祢の後裔氏族ですべてが占められており、何らかの作為があるのを感じられる。おそらく三九一年に派遣された使節団は紀一族を大将軍とする水軍と考えられ、これに大和の有力首長ら（羽田・平群）が参加していた可能性が高いと思われる。しかし、石川宿祢については書紀編纂時に書き加えられたもので実在性は乏しいであろう。右以外に宿祢の伝記がないことも大いに考慮されるべきである。

次に蘇我満智を取り上げよう。

磐余に都つくる。是の時に当りて、平群木菟宿祢・蘇賀満智宿祢・物部伊莒弗大連・圓大使主、共に国事を執れり。

（『日本書紀』履中二年十月条）

これら四人の執政官は平群・蘇我・物部・葛城など六世紀以前に大臣・大連を輩出したと伝える有力氏族の族長とされている者たちである。『古事記』にはこのような記事はみえず、その意味では書紀編者らが履中天皇の御世を飾り立てるためにこのような記事を造作したものとも推測することができ、直ちに歴史的な事実の記載とすべきではない。とりわけ、蘇賀満智宿祢については『古語拾遺』にこれと明確に矛盾する伝承がみえている。

至於後磐余稚桜朝、三韓貢献、奕世無絶。斎蔵之傍、更建内蔵、分収官物。仍、令阿知使主与百済博士王仁記其出納、始更定蔵部。至於長谷朝倉朝、……自此而後、諸国貢調、年々盈溢。更立大蔵、令蘇我麻智宿祢検校三蔵〔斎蔵・内蔵・大蔵〕、秦氏出納其物、東西文氏勘録其簿。是以、漢氏賜姓為内蔵・大蔵。今、秦・漢二氏為内蔵・大蔵主鎰蔵部之縁也。

後磐余稚桜朝＝履中天皇の時期に朝鮮諸国からの貢調が増大したので、それまであった斎蔵の傍らに新たに内蔵を増設して渡来人らに出納させ、その後長谷朝倉朝＝雄略朝になると諸国の貢調が充実したので大蔵を建て、蘇我麻智宿祢に三蔵を管理させ、渡来氏族らに出納・帳簿の記録などの業務を命じたとする。ここでは蘇我満智宿祢は雄略朝に活躍した人物とされており、明らかに書紀の伝記とは時期がずれている。

『古事記』履中段によると、「天皇、是に阿知直を始めて蔵官に任け、亦粮地を給ひき」とあり、『日本書紀』履中六年条には「始めて蔵職を建つ。因りて蔵部を定む」と伝えるので、履中朝を画期として朝廷の蔵の制度に何らかの変革があった可能性も考慮されるべきであるが、執政官とされる蘇我満智がここに活躍の場を与えられていないのはいかにも不審であり、満智をめぐる伝承の内容や系譜的位置は安定していないのである。そのようなことになったのは、朝廷の倉蔵の統括管理という職掌の起源に蘇我氏が関与していたことを強調しようと意図する勢力が蘇我氏の同族内に存在していたからである。そのことの委細は後でまた述べることにしようと思う。

次に蘇我韓子宿祢を調べてみよう。『日本書紀』雄略九年三月条に次のような記事がみえている。

天皇、親ら新羅を伐たむと欲す。神、天皇に戒めて曰はく、「な往しそ」とのたまふ。天皇、是に由りて、果して行せたまはず。乃ち紀小弓宿祢・蘇我韓子宿祢・大伴談連・小鹿火宿祢等に勅して曰はく、「新羅、……汝四の卿を以て、拝して大将とす。王師を以て薄め伐ちて、天罰をも龔み行へ」とのたまふ。

雄略大王の代理として新羅征討の将軍に任じられた者の中に蘇我韓子宿祢がいた。韓子という異国風の人名は、『日本書紀』継体二十四年九月条に、「吉備韓子那多利・斯布利」という人名を記したところに、「大日本の人、蕃の女を娶りて生めるを、韓子とす」という註記があるように、倭人男性が韓人女性と結婚して生まれた子どもの通称であって諱（実名）ではない。欽明二年七月条に出る「紀臣奈率弥麻沙」なる人物について、書紀は「紀臣奈率は、蓋し是紀臣の、韓の婦を娶りて生める所、因りて百済に留りて、奈率と為れる者なり」との解説を加えているように、紀臣弥麻沙はまさしく典型的な韓子と言える人であった。したがって、これらの事例からすると、韓子の父満智が半島に出かけ異国女性と結婚したという事実が証明されない限り想定することができず、蘇我韓子という人名は実体の伴わない虚像のようである。

そもそも右の新羅征討譚には「同じ国近き隣の人にして、由来ること尚し」と言われた「大伴卿、紀卿」両氏とその配下の集団の動静がかなり具体的に記されているのに対し、蘇我韓子に関しては話の筋書きの中では付け足し程度にしか扱われていないという特色がある。

まず韓子は他の将軍らと違い戦場での働きが何も記されておらず、紀大磐宿祢と小鹿火宿祢との現地での兵権を巡るいさかいに受動的に巻き込まれ、隙が生じたとされる紀大磐宿祢を背後から射たものの失敗するという無能ぶりで、逆に大磐宿祢の手で川の中に射堕とされ殺されてしまうという描かれ方をしており、しかも大磐と小鹿火の対立のことを記したこの部分は、全体のストーリーの中では後から挿入されたり作り話であるとしか言えないものである。韓子宿祢には生身の人間としての実体が感じられないと言わざるを得ない。

次に韓子宿祢の子高麗宿祢についてであるが、先ほど引用した『紀氏家牒』には馬背宿祢という人名の更名が高麗であると記されていた。高麗は高句麗の国名とみなしてよいが、祖父の満智・父の韓子が異国風の名になっており、それとのつながりにより高麗という名が案出されたとしか考えようがない。従来指摘されてきているように五世紀後半頃には高句麗は明らかに倭の敵対国であったので、そのような国の名を人名に用いることは考え難いというのが妥当なところであり、これも造作された人名であると言うほかはない。

ではもうひとつの名である馬背はどうであろうか。馬背に関しては『紀氏家牒』に、

・蘇我稲目宿祢は、蘇我石河宿祢の玄孫、満智宿祢の曾孫、韓子宿祢の孫、馬背宿祢（亦高麗と曰ふ）の子

・蘇我馬背宿祢の男稲目宿祢

・韓子宿祢の男蘇我馬背宿祢、亦高麗宿祢と曰ふ

などとあって韓子の子・稲目の父・高麗の更名であると記すが、『新撰姓氏録』右京皇別上にも、

御炊朝臣　武内宿祢の六世孫、宗我馬背宿祢の後なり。日本紀に漏る。

とあり、馬背宿祢の系譜が確かに記載されている。ただ、武内宿祢の六世孫というのは明らかに稲目の次の世代に相当するので、馬子と同一人物の可能性が高く、錯簡による誤りであろう。試みに『新撰姓氏録』から関連性の認められる項目をすべて抜き出してみると次のようになる。

桜井朝臣　蘇我石川宿祢の四世孫、稲目宿祢の大臣（左京皇別上）
箭口朝臣　宗我石川宿祢の四世孫、稲目宿祢（左京皇別上）
田中朝臣　武内宿祢の五世孫、稲目宿祢（右京皇別上）
川辺朝臣　武内宿祢の四世孫、宗我宿祢（右京皇別上）
岸田朝臣　武内宿祢の五世孫、稲目宿祢（右京皇別上）

久米朝臣　武内宿祢の五世孫、稲目宿祢（右京皇別上）

これらの記述によると、稲目はいずれも武内宿祢の五世孫、蘇我石川宿祢の四世孫と伝えられていたことが判明する。そうすると、御炊朝臣条の馬背宿祢は馬子の名前を誤記したこととなり、『紀氏家牒』の編者は珍しい人名であることに魅かれてこの誤りをそのまま踏襲し、恣意的な考えから高麗を馬背の別名と解釈したのではなかろうか。川辺朝臣の条に記載のみえる宗我宿祢は稲目の父の世代の人物に相当するが、肝心なことになぜか名を記していないので高麗か馬背なのかが判別できないが、高麗と推定してよいだろう。そうすると、稲目の父はやはり馬背ではなく高麗だったと言えるだろう。

蘇我氏の歴史の中で実在性の確かな最初の人物は稲目であると断じてよい。『日本書紀』によると稲目は宣化天皇の即位に伴い突如大臣に任命されたと伝え、それ以前の経歴や事績がまるで不明な状態になっている。稲目の経歴がわからないだけでなく、その父高麗の事績・動向でさえ書紀には何も記されていない。これは『古事記』も同様でまことに不可解な現象であると言わざるを得ないのである。しかし、蘇我氏の祖先系譜にはまた別の問題があると思われるので、次節以下でそれを明らかにしてみよう。

Ⅱ　武内宿祢の伝承

武内（建内）宿祢はすでに指摘してきたように蘇我氏の氏祖とみなされてきた人物であり、また『古事記』『日本書紀』に登場する伝説的な人物で、長寿の大臣・理想的な忠臣としてさまざまな事績が伝えられている。その人物像については蘇我大臣（馬子や石川麻呂など）の反映と推定する説や中臣鎌足をモデルとみる説などがあるが、五世紀代に王室の外戚として栄えた葛城地方の大首長襲津彦や、伴造の雄大伴大連室屋の像などが所伝の原型となっていると考える説もある。右に指摘した幾人かの著名な人物たちのさまざまな事績が武内宿祢像を歴史的に形成するのに一役買っていることはほぼ間違いない事実であろうと思うが、これを蘇我石川系図のように蘇我氏の系譜的先祖と直結させる方策には虚構性があると考えられるので、その理由を以下に述べることにしたい。

ここではとりあえず『古事記』『日本書紀』に描かれている武内宿祢像の大要をみておくことにしよう。『古事記』の成務段によると、天皇の命で宿祢は諸国の国造・県主を定めている。仲哀段では息長帯比売すなわち神功皇后の新羅征討と御子応神の輔弼に活躍し、応神天皇の世には太子大雀命のために一肌脱ぎ、仁徳天皇の治世には日女島に鴈が卵を産んだ瑞祥にまつわる伝説に登場している。すなわち武内宿祢は成務・仲哀・応神・仁徳の四代の天皇に大臣として仕えた長命の臣だと伝えられているのである。

次に、『日本書紀』の武内宿祢像を検してみると、その「棟梁之臣」としての像がより詳しく一層鮮明に描かれており、まず景行紀には武内宿祢を北陸・東方諸国に派遣して地形・百姓の消息を観察させ、宿祢は日高見国の蝦夷を討伐すべしと復命している。同じ天皇の世、宴庭に伺候しない宿祢に天皇がその理由を問うたところ、宴楽の日にこそ門下にあって警戒を厳重にして用心しているのだと答えたので天皇から異寵を受けたとし、稚足彦尊が皇太子に任じられたと同時に宿祢は「棟梁の臣」と呼ばれた。その稚足彦すなわち成務天皇が即位すると宿祢は大臣に任命されるが、天皇と宿祢とは実に同日の生まれだと記している。

続いて仲哀紀から神功皇后紀にかけては皇后の新羅征討伝承が載せられているが、宿祢は大臣として常に皇后の傍らに伺候し、急死した天皇の殯を行い、香椎宮での神祭では琴を弾いた。また神田に水を引くための裂田溝を造営するに当たり、武内宿祢は剣鏡を用いて神祇を祈祷したと伝える。皇后が新羅遠征から帰還すると忍熊王が叛乱を起したので、宿祢は命により太子の乗船を紀伊水門に廻航して停泊し、その後忍熊王の軍勢を菟道から逢坂へと追撃して破滅させる。やがて成長した太子とともに角鹿の気比神宮に赴いて拝祭し、無事に太子の成年式を終える。

同じ神功皇后摂政の世に宿祢は百済国との交渉の議を命じられたとする。さらに皇后の新羅遠征に関わる伝として、継体紀には物部麁鹿火大連の妻の発言を載せている。「夫れ住吉大神、初めて海表の金銀の国、高麗・百済・新羅・任那等を以て、胎中誉田天皇に授記けまつれり。故、大后息長足姫尊・大臣武内宿祢と、国毎に初めて官家を置きて、海表の蕃屛として、其の来ること尚し」との回顧が語られ、宿祢が神功皇后の遠征に活躍したことを強調している。

さらに応神天皇の世に宿祢は政務のため筑紫に派遣されたが、異母弟甘美内宿祢の讒言によって謀反の罪を着せられる。時に宿祢によく似た壹岐直真根子が宿祢の身代わりとなって殺され、悲嘆はなはだしい宿祢はひそかに朝廷に赴いて無罪を主張したため、天皇は兄弟を召して探湯をさせる。ついに兄が勝利を収めて宿祢の無実が証明され、讒言した甘美内宿祢の身柄は天皇の命令で紀直らの祖に賜ったとする。

次いで仁徳紀には、天皇と武内宿祢の子が同日に生まれたとする話があり、天皇の産殿には木菟が飛び込み、一方宿祢の妻の産屋には鷦鷯が入るという祥瑞が起きた。そこで天皇の提案で互いの子の名を取り替えて太子を大鷦鷯皇子とし、宿祢の子の名を木菟宿祢と称したとする。木菟宿祢は平群臣の始祖とされている。同じ天皇の時、河内の茨田堤に鴈が産卵をしたという報がもたらされる。天皇は宿祢に歌を贈ってこの奇瑞の意味を質そうとするが、宿祢は鴈がこの国で産卵したことを聞かないと酬答している。長命の国老ならではの話と言えるだろう。

宿祢がいつ没したのかについては『日本書紀』に記事を載せていないが、允恭紀には葛城の玉田宿祢が「武内宿祢の墓域」に逃げ隠れたとする記述があり、宿祢はどうも仁徳朝に死んだとされているようである。『公卿補任』の仁徳天皇条に「薨年は未詳なり。官に在ること二百四十四年、春秋二百九十五年」とし、別伝に「仁徳天皇五十年丁卯に薨ず」と伝えている。宿祢の重要な特性の一つに長命ということがあり、『古事記』『日本書紀』は宿祢を「世の長人」「世の遠人」「国の長人」などと繰り返し表現しており、長寿の天皇とともに執政の大臣が長生きであることが天下の経営には理想とされたようである。

Ⅲ　武内宿祢と蘇我氏

『古事記』『日本書紀』の編纂という政治的な背景を考慮に入れた場合、「内の朝臣」と呼ばれた宿祢像が中臣鎌足だけではなく、右大臣藤原不比等にも関わって形成されたとする見方はとりわけ重要であろうと考えている。武内宿祢伝承の成立に中臣鎌足の人物像を重要視している岸俊男の論議では、武内宿祢の名の根幹を成す「内（ウチ）」の政治的意味と宿祢にまつわる「内の朝臣」という通称をとくに重視し、前者は鎌足の「内臣・内大臣」との類同性、後者では天武朝に施行された八色の姓のうち中臣（藤原）氏が連姓から朝臣姓を特賜された事実に着目し、宿祢像の形成が『古事記』『日本書紀』両書の編纂事業と密接に関わっていることを強調しているのである。

『続日本紀』慶雲四年四月十五日の詔には、「汝藤原朝臣の仕奉れる状は今のみに在らず、かけまくも畏き天皇が御世御世仕へ奉りて、今も又朕が卿として、明き浄き心を以て朕を助け奉り仕へまつる」と不比等の輔弼を高く評価し、さらに「難波大宮に御宇しめししかけまくも畏き天皇命の、汝の父藤原大臣の仕へ奉へる状をば、建内宿祢命の仕へ奉らへる事と同じき事ぞ」と、いわゆる大化改新において果たした鎌足の事績を武内宿祢に重ねて称揚している点にとくに注意する必要があると思う。

文武天皇の詔が言わんとしていることは、孝徳朝に活躍した中臣鎌足の事績が武内宿祢と同質のものであるという認識を介して、鎌足の子不比等こそが文武天皇にとってかけがえのない忠臣であることを表明しようとしたものであり、不比等とその子孫たちに武内宿祢と同様の奉仕を求めたものと考えられるのである。その意味で武内宿祢は鎌足像と一体であると同時に、不比等に対して天皇は武内宿祢たらんことを期待しているとも言えるであろう。

しかし、右の詔に依拠して武内宿祢のモデルをそのように鎌足に始まる藤原氏のみに局限して捉えようとすることは実は誤りなのであり、武内宿祢は古い来歴を保持する畿内の貴族・廷臣たちの共同の理想的な輔政者像であったことを再確認しておく必要があるだろう。

『続日本紀』天平八年十一月十一日条には葛城王（橘宿祢諸兄）らが臣籍に降下すべく橘宿祢姓の賜与

を申請しているのであるが、その上表文の中で王は「昔、軽堺原大宮に御宇しめしし天皇の曾孫建内宿祢は君に事ふるの忠を盡くし、人臣の節を致せり。創めて八氏の祖と為り、永く万代の基を遺せり」と宿祢の事績についての回顧を記し、自分たちも現在の朝廷に忠誠の命を致したいと述べている。

右の文章の中で王が指摘している「八氏の祖」というのは、具体的には『古事記』孝元段にその名が列挙されている宿祢の後裔諸氏族を指すわけであるが、王自身は宿祢の後裔氏族とは直接には関係のない人物であるから、上表文に武内宿祢の事績をことさらに載せた意図としては、やはり宿祢こそは古い時期の天皇に仕えた理想的で有能な忠義の臣であるとの共通認識が廷臣たちの間に存在し、天皇の輔弼を目指す者は宿祢の事績を手本とし鑑とすべきであると考えられていた事情を物語るものと言わなければならない。

武内宿祢像は皇室の藩屏と言われた藤原氏だけの独占物ではなかったのであり、広く天皇に仕える廷臣の規範・理想型であったとしなければならない。その由来は、『古事記』『日本書紀』の武内宿祢像が時々の有力な廷臣の事績や人物像を次々に重層させながら長期にわたって形成されてきた歴史にあったと考えられるのである。

これまでみてきた武内宿祢像には歴史的に実在した大臣・大連・内臣などの中央執政官の群像を反映する面と、これまであまり論議されていない地方的・在地豪族的な側面の二重構造を伴っており、後者の面については紀伊国との関わりを重視したいと思う。先ほど指摘しておいたように、武内宿祢は『古事記』では孝元天皇の子比古布都押之信命と木国造の祖宇豆比古の妹山下影日売との間の子とする。一方『日本書紀』では、景行紀に屋主忍男武雄心命と紀直の遠祖菟道彦の娘影媛との間に生まれたとし、孝元紀には彦太忍信命は宿祢の祖父とするので、母親の伝については『古事記』と大きな食い違いがないが、父の所伝ではその名と世代とに見過ごし難い相異がある。

『日本書紀』が宿祢の父親だとする屋主忍男武雄心命をなぜわざわざ系譜に付加したのかが難解なのであるが、雄心命は天皇の命令で紀伊国の阿備柏原に出向いて神祇を祭祀し、その地に長く滞在して宿祢をもうけたとするのであるから、宿祢誕生の由来はむしろ『古事記』よりも具体的であると言える。阿備の柏原はおそらく紀ノ川下流域を本拠地とした紀直の聖地の一つであり、名草平野に所在したデルタで有力な港津のあったところと考えられるから、武内宿祢の神聖性をこういう物語によって強めようと策した伝承ともみられるのである。

しかしいずれにしても重要な点は、宿祢が皇別の系譜につながる人物であるとされることと、母方の先祖を紀伊国の国造である紀直として公式に認めていることである。『紀氏家牒』には明確に「紀武内宿祢」という表現がしてあり、武内宿祢は紀直氏の先祖とみなされていたのである。また武内宿祢という人名の「内（ウチ）」の意味については、これを内廷・外廷との対比関係、あるいは帷幄の臣たる内臣・内大臣との関連を重視する研究や、大和国宇智郡の在地氏族と推定される内臣を比定しようとする説もあるが、宿祢の母家の所在地が紀伊国であり、かつ外戚の人名が「宇豆比古」「菟道彦」と伝えられているからには、ウチの原義は地名の「宇豆・菟道」（現在の和歌山市宇治）としなければならないだろう。

すなわち武内宿祢は紀伊国のウチという地域を名に負う紀直の氏族伝承に起源をもつ英雄像であると考

えられるのであり、この氏族が六世紀の国造制の成立と関連して登場する紀伊国造の一族ということになると、宿祢像の形成が始まるのも六世紀後半ではないかと推定されてくるのであるが、面白いことに宿祢の墓が大和の葛城にあるとする所伝（『帝王編年記』）が一方に存在していたり、宿祢の後裔氏族が国造制よりも古い来歴を有する大和や紀伊の有力諸氏族であるとされ、『古事記』『日本書紀』という同じ史料の中で宿祢の出自について矛盾があると考えられる点についてはそれなりの説明が必要になると思うのである。

実は紀伊国の有力氏族には紀臣を名乗る氏族と紀直を姓とする国造一族とがあった。紀臣と紀直はおそらく現在の和歌山平野に蟠踞した有力な在地氏族で、前者は中央指向性が強く割合早くから和泉地方や大和へもその勢力を広げていったらしく、飛鳥・奈良時代にはその本宗・分家の主な勢力は宮都へ定着を果たしていた模様である。

一方、紀直は六世紀末葉ごろに紀臣から枝分かれして国造となり、日前・国懸神宮を奉祭する宮司家になったと推定されている。両氏族の分岐の経緯については確実な史料がないため明確ではないが、武内宿祢が紀直を出自としていることと、宿祢の子の一人とされる木角宿祢が「木臣・都奴臣・坂本臣」の祖とされていることから、両者の間に同族・分枝の関係を想定できるようでもあるが、武内宿祢の原伝承は在地に留まった紀直の氏族系譜にその名が伝えられ、やがてそれが宮廷の伝承の中に取り入れられて肥大化し整備されていったと推定されるのであり、元来は名草平野を本居とした氏族の間で語られていた英雄伝承に起源を持つ人名なのではなかろうか。

そうすると、同じ六世紀に大臣位を世襲し中央政界の覇権を確立しつつあった蘇我本宗家の稲目や馬子が、紀伊国造家の祖先伝承に出る武内宿祢を自家の祖先系譜の始祖的な存在としてこれを称揚し採用したと考えられるであろうか。しかも蘇我氏の始祖たる石川宿祢が武内宿祢の第三子であるとするような系譜伝承を当の蘇我大臣家が自家の祖先系譜にふさわしいものとして承認したであろうか。疑わしいと言わざるを得ない。

『古事記』『日本書紀』に定着している武内宿祢像はまさしく蘇我氏の祖先としてもなるほどふさわしい地位と性格を帯びているのであるが、その武内宿祢像の大半は蘇我大臣家が滅亡して以後に創り上げられた人物像であろう。そうであるならば、稲目や馬子らは蘇我氏の祖先についてそれとは内容的には異質の系譜を標榜していた可能性があるとしなければならない。すなわち蘇我の真実の祖先系譜は隠蔽されてしまっており、『古事記』に記載のみえる蘇我石川系譜は石川氏が王権との関係で独自に作り上げたものと推測され、しかもその内容はかなり杜撰な代物と言えるのではなかろうか。

Ⅳ　蘇我「八腹臣」の実体

蘇我氏の同族には、実際に血縁関係があり始祖やその子孫から分かれ出た氏族と、祖先系譜を共有する氏族であっても血縁関係になく同族であることを擬制している氏族との二種類がある。後者の典型は『古事記』孝元段に建内宿祢の後裔と称している諸氏族がそれであり、波多・平群・巨勢・紀・葛城などの氏族は蘇我氏とは実質的には血のつながりのない勢力であったとみなしてよい。蘇我氏の同族と呼べる氏族についてはまず左の史料が参照されなければならない。

皇太夫人堅塩媛を檜隈大陵に改め葬る。是の日に、軽の術に誄る。第一に、阿倍内臣鳥、天皇の命を誄る。則ち霊に奠く。明器・明衣の類、萬五千種なり。第二に、諸皇子等、次第を以て各誄す。第三に、中臣宮地連烏摩侶、大臣の辞を誄る。第四に、大臣、八腹臣等を引き率て、便ち境部臣摩理勢を以て、氏姓の本を誄さしむ。時の人の云はく、「摩理勢・烏摩侶、二の人、能く誄す。唯鳥臣のみは誄すこと能はず」といふ。

（『日本書紀』推古二十年二月条）

これは蘇我稲目の娘堅塩媛を欽明天皇の檜隈大陵に改葬したことを示す記事である。堅塩媛は欽明天皇の妃であったが、推古天皇と大臣馬子との協議により別の墓に葬られていた媛の棺を天皇陵に合葬し、身分の格上げを図ろうとした政治的措置である。堅塩媛は馬子の妹であり、また推古天皇の実母でもあったので、公的な儀礼としての性格を示しながらも蘇我大臣家の私的権威を世上に示す政治的デモンストレーションとしての側面も濃厚であった。そして、改葬後に軽術（衢）を舞台として盛大な誄の儀礼が行われたのである。

この儀礼には当然のことながら蘇我の同族らが参加していた。「第四に、大臣、八腹臣等を引き率て、便ち境部臣摩理勢を以て、氏姓の本を誄さしむ」とあり、大臣馬子が「八腹臣等」の集団を引率し境部臣摩理勢を代表者として氏姓の由来を申し述べさせている。「八腹臣等」は馬子と血縁関係にある同腹同族の集団と考えてよく、「氏姓の本」とは蘇我一族の祖先の系譜や氏姓の由来と王権への奉仕の起源を回想するなどのことがその実質的な内容であったと考えられる。「八腹臣」は八という神聖な数字にかけて同族の血の組織と結束を表した語であり、次に引用する氏族らがその実体であったとみてよい。それぞれの氏姓の下には史料上いち早く登場する族人の名と典拠を記してある。人名に?マークの付いているものは文章中では氏姓のみ記され闕名となっているものを指している。

A	蘇我臣	稲目	〔宣化元年二月〕
B	境部臣	摩理勢	〔推古八年二月〕
C	蘇我倉臣	麻呂	〔舒明即位前紀〕
D	小治田臣	麻呂	〔舒明即位前紀〕
E	桜井臣	和慈古	〔舒明即位前紀〕
F	田中臣	?	〔推古三十一年是歳〕
G	箭口臣	音橿	〔持統称制前紀〕
H	田口臣	川堀	〔大化二年三月〕
I	久米臣	?	〔大化元年八月〕
J	岸田臣	?	〔大化二年三月〕
K	川辺臣	瓊缶	〔欽明二十三年六月是月〕
L	高向臣	宇摩	〔舒明即位前紀〕

M　御炊臣　人麻呂〔養老五年六月〕

右によると、蘇我の族人で実在の信憑性の高い最初の人物はいずれも七世紀初頭の推古朝前後以後の時期に出現していることがわかる。本宗家の稲目がいち早く六世紀前半に、また同世紀の後半期には河辺臣瓊缶が伽耶方面で副将軍として活躍し名を現しているが、同系氏族の歴史への登場は意外にも半世紀以上も後になってからなのである。

ここでは二、三の事例を挙げるに過ぎないが、丁未戦争の際の将軍たちの顔ぶれをみると左のようになる。

蘇我馬子宿祢大臣・紀男麻呂宿祢・巨勢臣比良夫・膳臣賀拕夫・葛城臣烏那羅・大伴連嚙・阿倍臣人・平群臣神手・坂本臣糠手・春日臣闕名

（『日本書紀』崇峻即位前紀）

また、崇峻二年七月に任命された諸道派遣使の名は次のようになる。

近江臣満（東山道）・宍人臣鴈（東海道）・阿倍臣（北陸道）

（『日本書紀』崇峻二年七月条）

さらに崇峻四年八月に二万の軍を率いて筑紫に下った将軍らの陣容は次のようになっている。

紀男麻呂宿祢、巨勢猿臣・大伴嚙連・葛城烏奈良臣を差して、大将軍とす。氏氏の臣連を率て、裨将・部隊として、二万余の軍を領て、筑紫に出で居る。

（『日本書紀』崇峻四年十一月条）

いずれも推古朝の直前の時期に当たり、国政上きわめて重要な事件や施策において蘇我氏の族人は誰ひとりとして姿を現していないことが確認できる。欽明朝以降に制度化されたとされている大臣―大夫制はまさしく大臣に任命された蘇我稲目とその子馬子の手で推進されたと推測できるが、欽明朝から崇峻朝までの期間に蘇我の枝氏で大夫として活躍した人物の事績がひとつとして記されていない事実は、この期間こそが枝氏の分岐活動が活発に行われていた時期に当たり、推古朝頃からその成果が急激に現れ始め、各枝氏の族長クラスの名が文献の上に登場してくると言えるのではなかろうか。蘇我同系氏族が最初に姿を現すのは次に示す推古八年の境部臣（摩理勢または雄摩侶）なのである。

是歳、境部臣に命せて大将軍とす。穂積臣を以て副将軍とす。並に名を闕せり。則ち万余の衆を将て、任那の為に新羅を征つ。是に、直に新羅を指して、泛海から往く。乃ち新羅に到りて、五つの城を攻めて抜きえつ。

（『日本書紀』推古八年是歳条）

そうすると、意外なことにこの現象を逆に言うならば、稲目以前に蘇我氏が氏族としての実体をほとんど持たない存在であったことを暗示するものではなかろうか。蘇我氏は在地豪族であるとする見方が普通なのだが、それにしては稲目や馬子と同期に活躍する族人が文献にみえないのは不思議な事実なのである。

ここで『新撰姓氏録』に記載された蘇我各氏族の由来を具体的に調べてみると、B境部臣に関しては舒明即位前紀に詳しく記す事件で滅亡したらしいので確かなことはわからないのであるが、『聖徳太子伝暦』

に「大臣の叔父蘇我境部臣垸瀬、山背大兄王を立てむと欲ふ」とあり、摩理勢は大臣蝦夷の叔父と推定できることから馬子の兄弟であったと言える。そうすると、境部臣は稲目以前に遡ることはないであろう。次に、D小治田臣・E桜井臣・F田中臣・G箭口臣・I久米臣・J岸田臣らはいずれも「稲目宿祢の後」と称しているので、馬子の世代以後に本宗家から分岐した氏族とみられる。

H田口臣は「石川朝臣の同じき祖。武内宿祢大臣の後なり。蝙蝠臣、豊御食炊屋姫天皇御世に、大和国高市郡の田口村に家居す。仍りて田口臣と号く」とあるように、推古朝に分家したことが明瞭になる。大化年間の川堀は蝙蝠と同一人物であろう。

K川辺臣については、「武内宿祢の四世孫、宗我宿祢の後なり」とあって稲目の父の世代（高麗）に分岐したらしいのであるが、先祖の名を明記していない理由がもうひとつはっきりしないのと、先述したように高麗の実在性に問題があり姓氏録の伝記は信憑性に欠けるのではなかろうか。河辺臣の本拠地は河内国石川郡の川野辺（南河内郡千早赤阪村）と推定されており、また史料的に実在性の高い初発の人物は欽明朝後半期の瓊缶であるので、河辺臣は稲目が河内の女性と結婚して生まれた瓊缶の世代から同族の列に参入した氏族ではなかろうか。

L高向臣は「石川に同じき氏。武内宿祢の六世孫猪子臣の後なり」と記す。そうすると猪子臣は馬子と同世代になるので、これもまた稲目の時に分岐した氏族と言えるようである。

M御炊臣は蘇我一族の中でも居地名ではなく職掌を氏名とする変則的な氏族であるが、推古天皇の諡号豊御食炊屋姫の后宮における祭儀的な機能との共通点が推定され、蘇我の同族として推古の后宮に奉仕したことからこのような氏族が成立したのではなかろうか。「武内宿祢の六世孫、宗我馬背宿祢の後なり」とあるのは、すでに指摘しておいたように馬背は馬子を誤記したものと判断できる。

最後にC蘇我倉臣は姓氏録では「石川朝臣」の名で左京皇別上の筆頭に挙げられ、しかも独自の姿勢によって「孝元天皇の皇子彦太忍信命の後なり」と主張しており、武内宿祢・蘇我石河宿祢の後裔をも称することがない。このことは蘇我倉臣＝石川朝臣の主張が他の蘇我同族のそれとはかけはなれて異質な性格を帯びていることを物語っており、彼らの伝記が造作されたもので信憑性に欠けることを意味する。文献的に初発の人物は舒明即位前紀に「蘇我倉麻呂 更の名は雄当 臣」と記す人物であって、蘇我倉臣なる氏族の分出が推古朝前後であったことを示唆するものと言える。

以上の検討からわかることは、蘇我氏の分岐氏族で稲目以前に遡るものはひとつも存在しないこと、蘇我氏の同族が「八腹臣等」と呼ばれる巨大な勢力を形成したのは推古朝前後の時期であることが判明した。そうすると、『古事記』に記載されている蘇賀石河宿祢の系譜記事や、書紀に記載されている満智・韓子らの伝記は本来蘇我本宗家が保持していた系譜とは由来や内容の異なるものであった可能性が高くなるのではなかろうか。

従来は、蘇我石河宿祢の系譜は蘇我本宗家の系譜とも何らかの関係があるとの前提で検討が進められてきたように思われるのであるが、この前提自体に疑問があるとするならば、これまでとは違う視点による検討が必要となるのではなかろうか。すなわち、枝氏の主張する系譜が本宗家の系譜の上に接ぎ木されたとするような単純な発想をとらず、むしろ、枝氏の系譜は王権の要請を受けて本宗家の系譜を秘匿するために創作されたものではないかという推定に沿って、新たな蘇我本宗家系譜の掘り起こしを行ってみたいというのが本書の主旨なのである。滅亡した蘇我本宗家はこれまでに未だ解明されていない独自で特殊な祖先系譜を保持していた可能性が高いと推測されるからである。

V　蘇我石川系譜の成立

蘇我倉臣という氏族は先ほど指摘したように推古朝になって成立したようである。舒明即位前紀に出る麻呂（雄当）の実父が誰であるかはわからないが、世代的には馬子の子どもで蝦夷の兄弟とみるのが妥当である。推古天皇の後継者問題で麻呂は大臣蝦夷の意向に沿った発言をしなかったとされる。彼の独自行動は蝦夷の近親という血縁関係のみならず、河内の石川に広大な所領を保持するようになったこと、さらには朝廷における彼の政治的立場にも由来している可能性がある。

この氏は王宮や畿内各地に設置された王権の倉蔵の統括管理と朝廷の財務を主として担う氏族で、外国から貢進される物品にも関与しており、これらの実務を担当した東漢氏・秦氏・王辰爾後裔の船氏らを配下に組織し、内廷にも密着して王権護持の姿勢を早くから保っており、そのために大臣蝦夷とは一線を画した行動に出たものと考えられるのである。麻呂（雄当）を大化の右大臣蘇我倉山田石川麻呂と同一人物とみなす説もあるが、筆者は『公卿補任』の「馬子大臣之孫、雄正子臣之子」という伝記を尊重してその子どもに比定できると推定するので、次に示す系図が蘇我倉氏の史実に沿う系譜と言えるだろう。

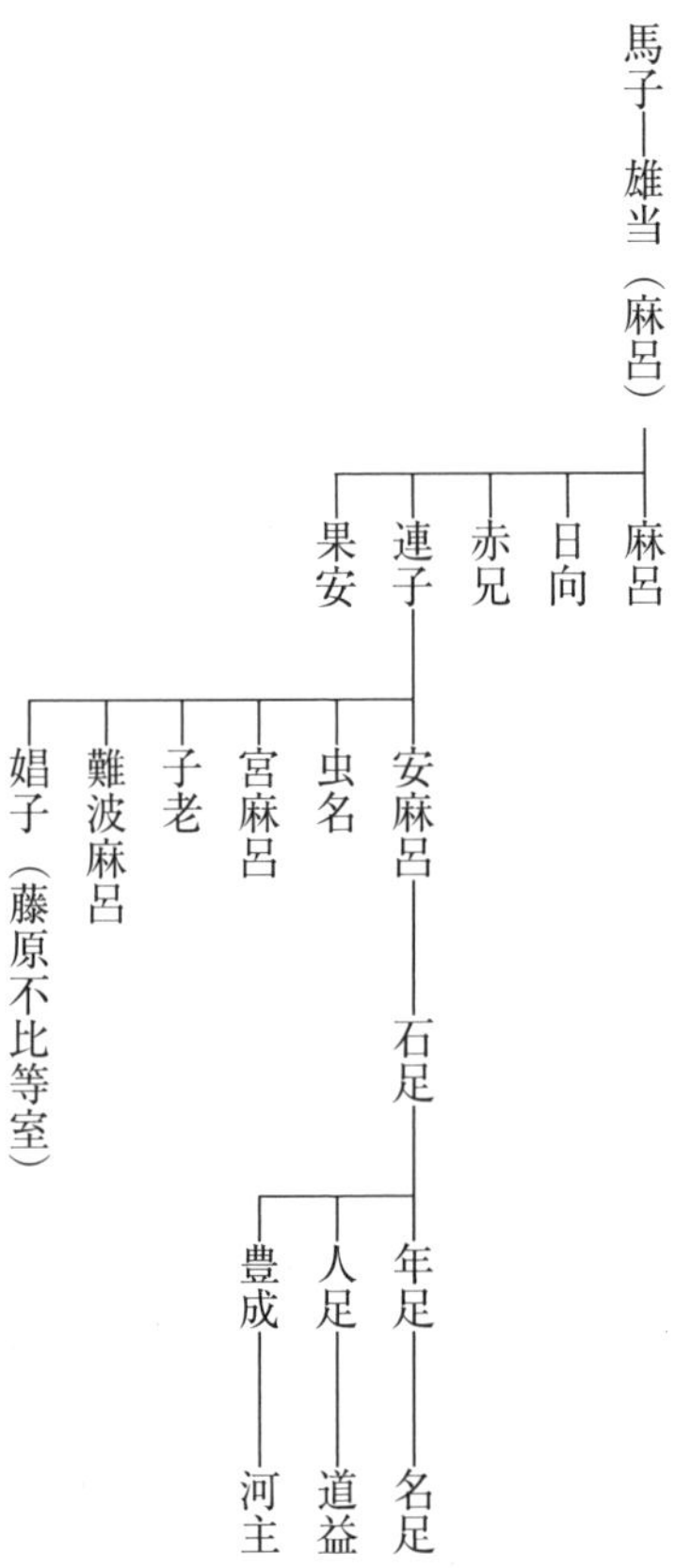

雄当の子麻呂は蘇我倉山田石川麻呂臣という名乗りが公式のもので、蘇我倉が氏名、山田・石川は通称でこの氏に所縁の居地名、末尾の麻呂が諱である。山田は周知のように山田寺跡の所在地である桜井市山田の地、石川は『三代実録』に伝承された河内国の「石川別業」を指す可能性があるが、橿原市石川町がこの氏の発祥地に関わる地名であったとも考えられる。

さて、麻呂は六四五年六月に起きた乙巳の変で蘇我本宗家の蝦夷・入鹿父子を倒すのに加担した。加担したというよりむしろ入鹿暗殺のクーデター計画は中臣鎌子が「山田臣と桉作と相ひ忌むことを知る」（『藤氏家伝』上巻・鎌足伝）ところから始まったというから、山田臣自身が入鹿暗殺の直接の下手人であったとも考えられる。入鹿殺害を目の当たりにした古人大兄王子は自宅に逃れ、「韓人、鞍作臣を殺しつ。吾が心痛し」と言ったとする。韓人とは「百済」人のことであるから（『日本書紀』欽明十七年十月条）、満智・韓子・高麗など半島風の人名を祖先系譜に標榜している山田臣を名指していることが明らかで、蘇我同族の内部対立は祖先系譜の問題にまで及んでいたことが推想されるのである。事件の実相がどうなのかはなお熟慮を要するが、政変以前の時期に麻呂は次女遠智娘（蘇我造媛）を中大兄王子に嫁がせており、予め政略結婚により権力の座への布石を打つという策謀を弄していたことがわかる。予定していた長女は同族の日向（身狭・身刺）に盗まれたとし、この件が絡んで麻呂は日向の讒言を被り謀反人に仕立て上げられて滅亡する。

事変直後に発足した改新政権の右大臣となり、三女乳娘を孝徳大王の妃に入れるが、大化三年に制定され翌四年四月に施行された新冠位制では「左右大臣、猶古冠を着る」という姿勢で臨み、大王との間に隙が生じたようである。大臣の行為は王権を強化しようとする大王の意思と真っ向から対立する性質のものと言える。大化五年三月、左大臣阿倍内麻呂の病死を機に同族の讒言により山田大臣の一族は滅亡する。書紀は事件に関し次のような大臣麻呂の行動を詳しく書き記している。

大臣、長子の興志に謂りて曰はく、「汝身愛むや」といふ。興志対へて曰はく、「愛しくもあらず」といふ。大臣、仍りて山田寺の衆僧及び長子の興志と、数十人とに陳説ひて曰はく、「夫れ人の臣たる者、安ぞ君に逆ふることを構へむ。何ぞ父に孝ふことを失はむ。凡そ、此の伽藍は、元より自身の故に造れるに非ず。天皇の奉為に誓ひて作れるなり。今我身刺に譏ぢられて横に誅されむことを恐る。聊に望はくは、黄泉にも尚忠しきことを懐きて退らむ。寺に来つる所以は、終の時を易からしめむとなり」といふ。言ひ畢りて、仏殿の戸を開きて、仰ぎて誓を発てて曰はく、「願はくは我、生生世世に、君王を怨みじ」といふ。誓ひ訖りて、自ら経きて死せぬ。妻子の死ぬるに殉ふ者八。

是月に、使者を遣して、山田大臣の資財を収む。資財の中に、好き書の上には、皇太子の書と題す。重宝の上には、皇太子の物と題す。使者、還りて収めし状を申す。皇太子、始し大臣の心の猶し貞しく浄きことを知りて、追ひて悔い恥づることを生して、哀び歎くこと休み難し。

（『日本書紀』大化五年三月条）

大王のために造営したと公言している山田寺に最期の場を求めた山田大臣は、仏の前で永遠に君王を怨まないと誓言したと特筆し、また中大兄王子は事件終息後に大臣の謀反が讒言によるものであることを始めて認知したとし、後悔と哀傷の念ははなはだしかったと記す。おそらく山田大臣は孝徳大王と政治的に衝突し大王の手で滅亡させられたと考えてよいと思う。

しかし、これらの右大臣をかばおうとする言辞は書紀編者らの造作と判断してよく、中大兄と遠智娘との間に生まれ天武天皇の皇后となった鸕野皇女（持統女帝）の政治的影響力を考慮すべきものと思う。山田寺は舒明十三（六四一・辛丑）年に造営を開始し、天武十四（六八五・乙酉）年に完成したと伝え（『上宮聖徳法王帝説』裏書）、天武・持統両天皇のさまざまな支援が行われたことは容易に推測でき、麻呂の後裔に連なる蘇我倉氏にもその余恵は灌がれたようである。

先の系図により麻呂には四人の弟がいたらしいが、日向は讒言の罪により筑紫大宰帥に「隠流」とされたとする。当代の大宰府は流罪の地とはみなし難く、日向は孝徳大王と示し合わせた上で麻呂を抹殺したのではないかと考えられる。ある意味では事件は蘇我倉氏の族長位をめぐる内紛を王権が巧みに利用し、旧制を保守しようとする大臣の権勢を一挙に削減しようとする策謀だったのであろう。しかし麻呂の娘鸕野皇女は女帝としての立場から、実父の行為の本質には目をつむり、真実は忠義の臣であったということを強調しようと目論んだのである。

蘇我倉氏は大化年間から天智朝にかけて相次いで大臣を出した有力氏族のひとつであった。麻呂の滅亡後には蘇我連子が台頭し、天平宝字六年に死没した石川朝臣年足の薨伝には「後岡本朝の大臣大紫牟羅志の曾孫」とあり、牟羅志すなわち連子が斉明朝の大臣であったことを伝えている。『公卿補任』によると、蘇我連子臣は天智「元年に大臣と為ること元の如し。初任の年は未詳」とあるので、彼はすでに斉明朝の大臣であったことが推察される。『扶桑略記』には蘇我宿祢武羅自は天智元年正月右大臣に任じられ天智三年三月に薨じたとし、年五十四とある。連子が大臣に就任した正確な年次は不明であるが、在任期間はすこぶる短かった可能性が高い。書紀には天智三年五月条に、「是の月に、大紫蘇我連大臣薨せぬ。或本に、大臣の薨せぬるを五月と注す」と記し、天智三年に死没したことは確実だろう。

注目されるのは、先の『公卿補任』には連子と赤兄に「字蔵大臣」と註記していることで、雄正から始まる蘇我倉氏の系流がいずれも朝廷の倉蔵の統括管理と財務に深く関与し続けたことが推定され、連子・赤兄の大臣就任は内廷・外廷にわたる財務担当能力の高さに依るものと推測される。

斉明四年十月有間王子の謀反事件が起きた。有間王子は孝徳大王の一子で次期大王位の有力候補者であったので、中大兄にとっては公然の競争相手となっていた。事件の直接の仕掛人として中大兄王子と内密に謀議をめぐらしたのが蘇我赤兄であった。中大兄の絶大な信任を得た赤兄は天智七年正月に常陸娘を入内させ、山辺皇女が生まれている。また、赤兄のもう一人の娘太蕤娘は大海人王子に嫁いでおり、穂積皇子・紀皇女・田形皇女を儲けているので、赤兄は一流の政略家でもあり有力な廷臣でもあったのである。

天智十年正月、大王の長子大友王子が太政大臣に就任すると赤兄は王子の最高補佐官たる左大臣に任じられるが、翌天武元年五月に勃発した壬申の乱では近江朝廷の重臣として捕えられ、責を負って配流された。この時には同時に蘇我果安の子も配流されたが、果安は近江朝廷の御史大夫（大納言）であり、乱の渦中に軍略の対立から王族の山部王を殺害した後自死に及んでいる。それにしても、近江朝廷の重臣に赤兄・果安兄弟が名を連ねていた事実は蘇我倉氏がいかに天智大王から重視されていたかを物語るものと言わねばならない。

このように麻呂の兄弟は連子を除くといずれもが謀反・政略・反乱などの諸事件に関わる形で滅亡するか追放されるという悲劇に見舞われ、連子の子孫が天武朝以降に系譜を維持することとなる。書紀によると、天智十年十月大王の病が重篤の状態になった時、蘇賀臣安麻侶を派遣して大海人王子が枕元に呼び寄せられたが、「時に安摩侶は、素より東宮の好したまふ所なり」とあり、大海人に対して「有意ひて言へ」との助言を与えたと言い、王子は「隠せる謀有らむことを疑ひて慎みたまふ」と伝えている。このような特別の記述が書紀に取り入れられているのは山田大臣の娘が生んだ持統女帝や元明女帝の特別の政治的な配慮によるものと推定され、安麻侶は連子の長子で石川朝臣石足の実父に当たり、極官は「少納言小花下」(『続日本紀』天平元年八月九日条)であったらしい。

蘇我安麻呂の一族は天武十三年十一月の八色の改姓により「石川朝臣」を名乗るようになる。蘇我から石川への氏称の改定はすでにこれより以前に行われていたことが推測され、とりわけ『古事記』孝元段に建内宿祢の後裔氏族の始祖として蘇賀石河宿祢が定着したことと、天武朝に石川氏が成立したこととは密接なつながりがあると推測される。蘇賀石河宿祢を蘇我臣・川辺臣・田中臣・高向臣・小治田臣・桜井臣・岸田臣らの祖先に措定したのは石川氏であり、筆頭に記された「蘇我臣」の実体は乙巳の変で滅亡した蘇我大臣家ではなく、雄正を始祖とする蘇我倉臣を指すものと解してよいと思う。すなわち石川朝臣氏こそが往年の蘇我氏の氏上の地位に認定されたことを『古事記』が明示しているのである。

第二章　仏教の伝来と蘇我氏

I　孝徳大王の回顧

大化元（六四五）年六月、皇極大王の飛鳥板蓋宮で蘇我入鹿を暗殺するクーデターが勃発した。翌日には大臣蘇我蝦夷が自邸に火を放って自尽した。蘇我大臣家が次期王位継承候補に据えていた古人大兄王子は事件直後に出家の意志を明らかにして吉野へ隠棲したため、皇極女帝の弟軽王子がにわかに即位して新政権を立ち上げた。そして、軽王子こと孝徳大王は同年八月に次のような詔を発布して今後の仏教政策の基本方針を明らかにした。

使を大寺に遣して、僧尼を喚し聚へて、詔して曰はく、「磯城嶋宮御宇天皇の十三年の中に、百済の明王、仏法を我が大倭に伝へ奉る。是の時に、群臣、倶に伝へまく欲せず。而るを蘇我稲目宿祢、独り其の法を信けたり。天皇、乃ち稲目宿祢に詔して、其の法を奉めしむ。訳語田宮御宇天皇の世に、蘇我馬子宿祢、追ひて考父の風を遵びて、猶能仁の教を重む。而して余臣は信けず。此の典幾に亡びなむとす。天皇、馬子宿祢に詔して、其の法を奉めしむ。小墾田宮御宇天皇の世に、馬子宿祢、天皇の為奉に、丈六の繡像・丈六の銅像を造る。仏教を顕し揚げて、僧尼を恭み敬ふ。朕、更に復、正教を崇ち、大きなる猷を光し啓かむことを思ふ。故、沙門狛大法師・福亮・恵雲・常安・霊雲・恵至・寺主僧旻・道登・恵隣・恵妙を以て、十師にす。別に恵妙法師を以て、百済寺の寺主にす。此の十師等、能く衆の僧を教へ導きて、釈教を修行ふこと、要ず法の如くならしめよ。凡そ天皇より伴造に至るまでに、造る所の寺、営ること能はずは、朕皆助け作らむ。今寺司等と寺主とを拝さむ。諸の寺を巡り行きて、僧尼・奴婢・田畝の実を験へて、盡に顕め奏せ」とのたまふ。即ち来目臣 名を闕せり。三輪色夫君・額田部連甥を以て、法頭にす。

(『日本書紀』大化元年八月八日条)

勅使が派遣された「大寺」は蘇我大臣家の仏教の拠点となっていた飛鳥寺であろう。大王はそこに衆僧を集め仏教に対する今後の王権の基本方針と仏家の組織の具体像を明らかにしたのである。治世早々の詔には大王の仏教に対する並々ならぬ意欲が横溢している。詔文の内容において特筆すべきことは、大王がここで初めて僧尼に対して「朕、更に復、正教を崇ち、大きなる猷を光し啓かむことを欲ふ」と宣言した点であろう。こういう明確な対仏教政策を吐露した大王が欽明大王以来あっただろうか。さらにまた、自らの仏教興隆の意向を表明する前に大王は倭国の崇仏の歴史を回顧して次のようにまとめている。

第一に、欽明大王の世に百済から仏教が伝来した。

第二に、崇仏は独り蘇我稲目宿祢に行わせることにした。

第三に、敏達大王の世に稲目の子馬子宿祢が天皇の詔に従い独り崇仏を続行した。

第四に、推古女帝の世に馬子宿祢は女帝のために仏像を造り僧尼を恭敬した。
第五に、朕つまり自分がその後を受けて正教を崇め豊かにしようと思う、と。

この詔文に書かれている崇仏の経緯と事情とは通説の内容とは相当にかけ離れたものである。孝徳大王の歴史認識の中には、用明大王の仏教信仰のことや推古大王の「三宝興隆」詔のこと、いわゆる「聖徳太子」の事績、あるいは舒明大王の百済大寺造営のことさえまったく回顧されていない。仏教を興隆するのに功績があったのは蘇我大臣家とりわけ稲目と馬子であることが称揚されているだけであり、さらに憲法十七条の条文（「篤く三宝を敬へ。三宝とは仏・法・僧なり」）が大王の脳裏に浮かんだ形跡すらないのである。

倭国における仏教の創成について蘇我大臣家単独の功績であることが明確に述べられているのは、事実として蘇我稲目が「独りその法を受けたり」、あるいは「天皇、馬子宿祢に詔して、其の法を奉めしむ」と記されているように、蘇我大臣家が代々の大王の勅命を受けて単独で仏法を崇めてきた歴史が厳然として存在したからにほかならない。孝徳大王はクーデターにより蘇我蝦夷・入鹿父子を滅亡に追い込んだ張本人のひとりであるが、崇仏の功績は実に蘇我大臣家ひとりにあると回顧し、歴史的な事実を曲げることをしていないのである。因みに孝徳が蝦夷・入鹿の仏教的事績に一言も言及していないのは、蝦夷・入鹿は大王自身の生きた時代と重複しているのと、一方では彼らが大王権を実際に侵害した反逆者だとする強い認識があったためであろう。

孝徳大王の歴史認識と書紀の記述事項とに大きな断層・矛盾が存在していることは、大王の認識が誤っていない限りでは書紀の記載にこそ大幅な造作や潤色が施されているということを意味する。とりわけ仏教の伝来と受容の事情に関しては書紀が史実を忠実に記載しているのかという疑問が当然沸き起こってくるであろう。書紀は仏教受容の歴史に関し中央政界に崇仏・廃仏をめぐる激烈な紛争が起こり、廃仏派の巨頭物部大連守屋の一族が滅亡したことを記し、さらに守屋の滅亡後に「聖徳太子」による仏教興隆のことを特筆大書している。こうした記述がもし虚構ないしは史実の歪曲であるならば、仏教伝来直後の朝廷の状況が具体的にいかなるものであったのかをまず明らかにする必要があるだろう。

Ⅱ　仏教の伝来

『日本書紀』欽明十三年十月条に百済から仏教が初めて公式に伝来したとする文章が掲載されている。長文で内容的には三つの段落に区分することができ、引用文を便宜上その区分にしたがって分けることにした。

A百済の聖明王、更の名は聖王。西部姫氏達率怒唎斯致契等を遣して、釈迦仏の金銅像一躯・幡蓋若干・経論若干巻を献る。別に表して、流通し礼拝む功徳を讃めて云さく、「是の法は諸の法の中に、最も殊勝れています。解り難く入り難し。周公・孔子も、尚し知りたまふこと能はず。此の法は能く量も無く辺も無き、福徳果報を生し、乃至ち無上れたる菩提を成辨す。譬へば人の、随意宝を懐きて、用べき所に逐ひて、盡に情の依なるが如く、此の妙法の宝も然なり。祈り願ふこと情の依にして、乏しき所無し。且夫れ遠くは天竺より、爰に三韓に洎るまでに、教に依ひ奉け持ちて、尊び敬はずといふこと無し。是に由りて、百済の王臣明、謹みて陪臣怒唎斯致契を遺して、帝国に伝へ奉りて、畿内に流通さむ。仏の、我が法は東に流らむ、と記へるを果すなり」とまうす。

B是の日に、天皇、聞し已りて、歓喜び踊躍りたまひて、使者に詔して云はく、「朕、昔より来、未だ曾て是の如く微妙しき法を聞くこと得ず。然れども朕、自ら決むまじ」とのたまふ。乃ち群臣に歴問ひて曰はく、「西蕃の献れる仏の相貌端厳し。全ら未だ曾て有ず。礼ふべきや不や」とのたまふ。蘇我大臣稲目宿祢奏して曰さく、「西蕃の諸国、一に皆礼ふ。豊秋日本、豈独り背かむや」とまうす。物部大連尾輿・中臣連鎌子、同じく奏して曰さく、「我が国家の、天下に王とましますは、恒に天地社稷の百八十神を以て、春夏秋冬、祭拝りたまふことを事とす。方に今改めて蕃神を拝みたまはば、恐るらくは国神の怒を致したまはむ」とまうす。天皇曰はく、「情願ふ人稲目宿祢に付けて、試に礼ひ拝ましむべし」とのたまふ。大臣、跪きて受けたまはりて忻悦ぶ。小墾田の家に安置せまつる。懃に、世を出づる業を修めて因とす。向原の家を浄め捨ひて寺とす。

C後に、国に疫気行りて、民夭残を致す。久にして愈多し。治め療すこと能はず。物部大連尾輿・中臣連鎌子、同じく奏して曰さく、「昔日臣が計を須ゐたまはずして、斯の病死を致す。今遠からずして復らば、必ず当に慶有るべし。早く投げ棄てて、懃に後の福を求めたまへ」とまうす。天皇曰はく、「奏す依に」とのたまふ。有司、乃ち仏像を以て、難波の堀江に流し棄つ。復火を伽藍に縦く。焼き燼きて更余無し。是に、天に風雲無くして、忽に大殿に災あり。

Aの冒頭部分は百済聖明王が使者を派遣し仏教を欽明大王の朝廷に伝えたことを述べたものである。「釈迦仏の金銅像一躯・幡蓋若干・経論若干巻」がもたらされたという。次に聖明王の表文とされるものがAの大部分を占めているが、「三韓」「百済の王臣明」「帝国」「畿内」というような自国中心の語句があることは、この表文が聖明王のものではなく本質的に書紀編者の造作であることを示している。しかも表文に記されている文章には、金光明最勝王経寿量品・金光明最勝王経四天王護国品・大般若経難聞功徳品などからの引用があることが確かめられており、とくに金光明最勝王経の日本への伝来については、井上薫が唐義浄訳本（七〇三年）を遣唐留学僧道慈が養老二（七一八）年の帰国とともに船載した事実を究明しており、さらに井上は道慈こそが仏教伝来に関する右文全体を造作した人物であることを看破している。

言うまでもなく、道慈の手元には朝廷に伝えられていた記録類や寺院縁起などの何らかの関連史料があっただろうけれども、それらを参照しながらも本文の骨子は道慈の理想・思惑にしたがい肉付けされ膨らまされたものだと言える。そのために仏教伝来にまつわる史実が当該条文に記されていると考えることは大きな危険を伴うのであり、伝来の年次についても論争が続いている通り明確ではないのである。

仏教が伝来したのは『上宮聖徳法王帝説』や『元興寺伽藍縁起并流記資財帳』などの伝記によれば周知のごとく戊午年、つまり欽明七（五三八）年とされている。『日本書紀』は欽明十三（五五二）年十月に公伝記事を載せており、いずれが事実であるのかがはっきりしない面があるが、本論はその年次を問題にする場ではないので、今は欽明朝に伝来したという事実だけを確認してさらに論議を進めようと思う。

次にBの部分を取り上げる。さて、書紀には欽明大王が百済からもたらされた釈迦仏金銅像一躯・幡蓋

若干・経論若干巻を前にして、

この日、天皇は表文の内容を聞き終わって大いに喜ばれ、百済の使者に次のように言われた。「私はかつてこのように素晴らしい教えを聞いたことがない。ただ、自分では決めることはできない」と。そこで群臣たちに下問され、「隣国のもたらした仏像のお姿は厳粛で、かつてなかったものである。礼拝のことをどうすべきであろうか」と。

とあって自らが直接礼拝することには躊躇し、大臣・大連らに取り扱いを下問したのである。蘇我大臣稲目は、「西蕃の諸国、一に皆礼ふ。豊秋日本、豈独り背かむや」と述べて全面受容の意向を明らかにした。これに対し、物部大連尾輿・中臣連鎌子らは、「我が国家の、天下に王とましますは、恒に天地社稷の百八十神を以て、春夏秋冬、祭拝りたまふことを事とす。方に今改めて蕃神を拝みたまはば、恐るらくは国神の怒を致したまはむ」と強硬な反対論を唱えたのである。そこで、大王が最終的に下した断は、

どうしてもと懇請する稲目宿祢に授け、試みに礼拝させてみよ。

ということであったと記されているのであるが、百済使者に対する欽明大王の勅語、物部尾輿・中臣鎌子らの反対意見、大王の稲目への礼拝許可の詔など文章の主要な部分についても、金光明最勝王経四天王護国品・梁高僧伝のうち康僧会伝・仏図澄伝などによる潤色を受けていることが明らかにされている。したがって、仏教伝来の当初に引用文の筋書きのごとき議論が行われたか否かについてはきわめて疑わしいと判定せざるを得ないであろう。

すなわち、欽明大王は自ら手を汚すことを拒否して傍観主義あるいは超然主義の立場に立ち、大臣蘇我

稲目に礼拝を委ねることにした。大王が崇仏を公に宣言できなかったのは、「蕃神」・「隣国の客神」（『日本霊異記』）の本質が見定められていない段階では、もし国神＝百八十神が祟りをなすということにでもなれば、国内に災厄が起きて農業生産は頓挫し、社会的混乱を惹き起こすだけではなく、王権自体の存立そのものが危うくなるから、崇仏の最終的責任者に大王がなることだけはどうしても避ける必要があったとする筋書きである。

ただし、大王は「聞し已りて、歓喜び踊躍りたまひて」とか、「朕、昔より以来、未だ曾て是の如く微妙しき法を聞くこと得ず」というような態度をとったとしており、頭から仏教を拒絶しようとしておらず、むしろ群臣に下問したということは、受容には反対ではなかったことを意味していることに注意しなければならない。崇仏派の稲目の主張は、国家の体面として朝鮮諸国に見習って受容すべきとするものであり、廃仏派の見解の要点は「国神の怒」という点にあったらしく、両派の見解は十分にかみ合っているとは言えない。

要するに、書紀は王権の態度を棚上げした上で仏教に対する群臣の立場を截然として二極二派に区別し、以後崇仏・廃仏の両派が熾烈な対立と紛争を展開した後に、最終的には崇仏派が勝利を収め仏教が本格的に普及するという構想のもとに事態を描いているのであり、こうした仏教受容の歴史が事実であるかという点に関しては疑問と思われることが多い。崇仏・廃仏の論争が蘇我対物部の両雄対決と戦争に発展したとするストーリーは、聖徳太子を仏聖とみなし物部大連家を最大の仏敵に仕立て上げようとする仏家の意向を反映するものであり、物部氏が仏教に何らの理解をも持ち合わせない頑迷な保守的勢力であることをこじつけるための操作としか考えられない。

蘇我対物部の対立関係は基本的には王位をめぐる権力の争奪を主要な原因としているようであるが、この対立に仏教受容の問題が無縁で無関係なものであったとも想定できない。物部・中臣・三輪などの氏族は「国神の怒」を心配したとするが、群臣の中でもなぜこれらの氏族ばかりがくりかえし廃仏派として名を挙げられているのかと考えると、彼らはいずれも王権祭祀を担当する「祭官」氏族であったことが留意されるのである。しかもこれらの氏族が仏教に対して無理解で完全な拒絶反応を示していたとは考え難く、物部氏らは仏教の受容そのものには反対ではなかったのではあるまいか。あくまでも反対という態度は大王の意向にそむくことにもなるからであるが、物部氏らの頑迷固陋な態度は崇仏・廃仏の二極対立を強調するための書紀編者の構図に当てはめられた感が否めないのであり、実際には祭官氏族対蘇我大臣の対立・紛争と解するのが正しい見方なのではなかろうか。

そこで、事実は次のようなものではなかったのかと考えられる。すなわち、まず伝来した仏教は「蕃神」「隣国の客神」と呼ばれているように「国神＝百八十神」と同質のものと捉えられていたし、「客神」とも記されている通り異国の尊貴な神ともみられていたらしいのである。その証拠に次のような伝承があって欽明朝以前に仏教はすでに伝来していたのである。

日吉山の薬恒法師の法華験記に云はく、延暦寺の僧禅岑の記に云はく、第二十七代継体天皇の即位十六年壬寅に、大唐の漢人案部村主司馬達止は、此の年の春二月に入朝し、即ち草堂を大和国高市郡の坂田原に結び、本尊を安置し、帰依礼拝す。世を挙りて皆云はく、是は大唐の神なり、と。

（『扶桑略記』欽明十三年条）

案部村主司馬達止は書紀には鞍部村主司馬達等の名でみえる渡来人で、鞍部多須奈の父、鞍部止利の祖父に当たる人物である。どこの国の出身かは不明であるが、右の所伝では漢人とし、継体朝に渡来後すぐに簡素な仏堂を設置して本尊を礼拝したとする。その仏像を世間では「大唐の神」と呼んだと伝えている。ここでの「大唐」とは中国の意味であることは言うまでもない。

公伝以前に渡来人が持ち込んでいた「大唐の神」の信仰は少なくとも王都周辺では一般に知られており、これを忌避したり拒否したりしたとする動きのことは何も伝えられていない。しかも仏像は「神」の概念で把握されている。したがって以後これを書紀の表記にしたがって「蕃神」と記すことにするが、欽明朝の廷臣らは仏教＝「蕃神」が何であるのか、これを受容し祭祀することがどのような意味を持っているのかについてはある程度の認識を持っていたであろう。とりわけ稲目は早くから司馬達止と懇意になり、仏教信仰の形式的儀礼的な側面程度のことは学び知っていたと考えてよいだろう。しかも大王がそれを拒否せず受容の意向を示していたことが重要なのであり、問題はそれを誰がどのように受容するかであったと考えてよい。

そのことに関し、蘇我稲目は「蕃神」祭祀を「国神」の祭祀とは切り離し単独で自由裁量による奉祭を提案し、物部尾輿らは「祭官」制の枠内における祭祀の執行を主張したのではないだろうか。つまり「祭官」に仕奉する複数の廷臣による共同管理下の奉祭というやり方である。稲目の主張する個人崇拝の方式では「蕃神」祭祀の実体が社会から隠される恐れがあり、「蕃神」の祟りによる災禍が起きた場合には対処の方策がとれずきわめて困難な事態になるであろうからである。蘇我氏は物部氏と比較すると祭官制に疎遠な勢力であった。平林章仁が指摘するように蘇我氏も「国神」の祭祀と無縁ではなかったが、こと「蕃神」の祭祀に限ってはその単独奉祭を譲らない頑固さを示した。おそらく蘇我氏は仏教を踏み台にして「国神」祭祀の分野にも強い影響力を及ぼすという計画をたてていたかも知れないのである。

そもそも廃仏派・破仏派とはこれまで言われてきたような「蕃神」の国外排除を目指した偏固な守旧派の集まりなのではなく、その拝祭の方式を個人の自由な独占にゆだねる稲目のようなやり方に反対した勢力のことであり、仏教にもそれなりの理解を示していた者たちであるとみてよい。そういう意味では彼らもまた崇仏派なのであって、廃仏を望んだ氏族などはひとつも無かったと言わなければなるまい。しかし、おそらく稲目は仏教を独占しようという目論見のもと強硬に単独の奉祭を主張し、「蕃神」と「国神」の「祭官」における併祭こそがむしろ災厄の要因になるであろうこと、「蕃神」の祭祀は異国でも広く個別崇拝の方式であることを陳弁したと推測され、大王は稲目のこうした主張を容認したと考えられるのである。

こうして「蕃神の祭祀権」を大王から授けられた稲目は早速次のような動きをみせた。

大臣はひざまずきうやうやしく受けて喜こんだ。小墾田の家に仏を安置し、丁重に仏道を治める準備をした。また向原の家をきれいにして寺とした。

いよいよ稲目の家宅での崇仏が始まったことが記される。稲目は小墾田家・向原家を崇仏の聖地に選んだ。後にも述べるように、これらの家宅は蘇我本宗家の重要拠点のひとつで、大王欽明の磯城嶋宮からは遠く隔たり物部氏らの目も届きにくい場所であったが、そのことが稲目の狙いでもあっただろう。稲目は異国の神が自分に現実的な幸と富とをもたらしてくれることを早くから見抜いていたに違いない。仏教の伝来は仏像や経典だけがやって来るということだけに留まらない大きな問題を含んでいた。それは稲目の政治的立場である「大臣」の権限をさまざまな分野で伸長させることのできる要素を孕んでいた。

今後において、蕃神の祭祀を行おうとする氏族は稲目から許可と援助とを得なければならなくなり、そのためには稲目への礼を尽くした要請と服従とを要したであろう。また鞍部氏のように仏教に理解ある渡来人らはこぞって稲目の支援者となり、その財力や技術力が蘇我氏の下に集まることにもなる。さらに、何よりも仏教の受容は中国・朝鮮諸国との外交関係の進展に新たな局面を開くもので、単独で崇仏を推進することは新しい大陸文化を独占することとともに、外交権の掌握という王権の根幹に関わる問題にも結びついていた。右の文の「忻悦ぶ」という言葉に実は稲目の政治的慧眼と正直な心情が表出しているようにも思われるのである。

ところが、次に続くCの文章で廃仏派の懸念が当たったことを記す。

この後国内に疫病が流行して多くの民衆が早死にした。その数はますます増えていった。物部尾輿と中臣鎌子は奏上して、「私らの意見を用いなかったのでこんな事態になってしまったのです。すぐにでも復旧すればまた良きことになるでしょう。速やかに廃棄して今後の幸を願いましょう」と。天皇は「お前たちの良いようにせよ」とおっしゃった。そこで仏像は難波の堀江に棄て、寺には火をかけて焼き払った。すると、雨風もないのに宮殿が火災に見舞われた。

この後とは敏達大王の世を指しており、すでに馬子の代になっている。疫病が流行し、夭死する民が相次いで、その原因が蘇我の崇仏にあると指弾されたのである。仏教に最初の危機が訪れた。物部尾輿らは直ちに廃仏の措置を大王に要求し、大王はそれを許可した。しかし、仏像を廃棄し寺に火をかけると大王宮に災変が起きたという。Cは趣意文でごく短くまとめられており、関連する条文は次節で引用することにしたい。

Ⅲ　敏達王権の仏教政策

欽明大王の後嗣となった敏達大王は、『日本書紀』の即位前紀に記すように仏教にはすこぶる冷淡な君主であったとされる。「天皇、仏法を信けたまはずして、文史を愛みたまふ」とあるように、崇仏の事績は伝えられておらず、むしろ父欽明の立場を継承して傍観主義に徹したことが右のような論評になったと言うべきであるかも知れない。その上、大王は個人的に稲目の子馬子とも折り合いが悪かったようである。廃仏派に属する三輪君逆が大王の寵臣となり「内外の事を委ねたまひき」と伝えているのも蘇我氏と距離を置こうとする大王の意図をよく物語っている。

三輪君逆は三輪氏の族長であるとともに大神神社の神官でもあり、国作りで著名な三輪神（大己貴神・少彦名神・大物主神）の全国各地への勧請政策をきわめて精力的に推進した人物と推定される。出雲国の杵築大社や播磨国の伊和神社に大穴持大神が勧請され、豊前国の宇佐や信濃国の諏訪に三輪神の影響力を及ぼそうとしたのも三輪氏の神祇政策によるものと考えられる。だが、この神祇政策には蘇我氏が主導しつつある地方の開発・支配政策と根底において合致し相乗効果をもたらす面があり、逆は当初は蘇我の崇仏方針に反対していたが額田部大后を通じて馬子に接近するようになった可能性が高く、当時初めて三輪山麓に神殿が建てられたのは蘇我氏が進める仏殿建築の影響によるものと推測されるのであり、逆が物部大連守屋・穴穂部王子らの手で殺されると、大后と馬子が大いに憤ったというのは右に述べたことと関連があるだろう。

a百済より来る鹿深臣、名を闕せり。弥勒の石像一躯有てり。佐伯連、名を闕せり。仏像一躯有てり。

（『日本書紀』敏達十三年九月条）

b是歳、蘇我馬子宿祢、其の仏像二躯を請せて、鞍部村主司馬達等・池辺直氷田を遣して、四方に使して、修行者を訪ひ覓めしむ。是に、唯播磨国にして、僧還俗の者を得。名は高麗の恵便といふ。大臣、乃ち以て師にす。司馬達等の女嶋を度せしむ。善信尼と曰ふ。年十一歳。又、善信尼の弟子二人を度せしむ。其の一は、漢人夜菩が女豊女、名を禅蔵尼と曰ふ。其の二は、錦織壺が女石女、名を恵善尼と曰ふ。馬子独り仏法に依りて、三の尼を崇ち敬ぶ。乃ち三の尼を以て、氷田直と達等とに付けて、衣食を供らしむ。仏殿を宅の東の方に経営りて、弥勒の石像を安置せまつる。三の尼を屈請せ、大会の設斎す。此の時に、達等、仏の舎利を斎食の上に得たり。即ち舎利を以て、馬子宿祢に献る。馬子宿祢、試に舎利を以て、鉄の質の中に置きて、鉄の鎚を振ひて打つ。其の質と鎚と、悉に摧け壊れぬ。而れども舎利をば摧き毀らず。又、舎利を水に投る。舎利、心の所願の随に、水に浮び沈む。是に由りて、馬子宿祢・池辺氷田・司馬達等、仏法を深信けて、修行すること懈らず。馬子宿祢、亦、石川の宅にして、仏殿を修治る。仏法の初、茲より作れり。

（『日本書紀』敏達十三年是歳条）

c蘇我大臣馬子宿祢、塔を大野丘の北に起てて、大会の設斎す。即ち達等が前に獲たる舎利を以て、塔の柱頭に蔵む。

（『日本書紀』敏達十四年二月条）

書紀は敏達大王の世に大臣馬子が崇仏を一層推し進めた様子を記している。右に引用したaには、鹿深臣・佐伯連が百済から持ち帰ってきた石仏像二躯を馬子が貰い受け、bでは播磨国にいた還俗僧恵便を得て師とし、修行者三人（すべて尼僧）を探し出して仏を供養し、仏殿を二カ所（宅東方・石川宅）に設けて仏法を深信したとする。

この場合馬子には鞍部村主司馬達等と池辺直氷田という二人の協力者があったらしいが、「馬子独り仏法に依りて」とも記すように、父稲目以来の崇仏の原則を踏襲している点に注意される。すなわち、「蕃神」の祭祀の実権は蘇我馬子一人の掌中に握られており、それが父子間で世襲され、すでに一つの特権と化していたのである。cには、馬子が大野丘の北に塔を建てて大会の設斎を実施し、舎利を塔の柱頭に納めたとする。書紀はこうした馬子の崇仏を「仏法の初、茲より作れり」と公言しており、日本仏教の濫觴が蘇我大臣馬子にあったことを明記する。

d蘇我大臣、患疾す。卜者に問ふ。卜者対へて言はく、「父の時に祭りし仏神の心に祟れり」といふ。大臣、即ち子弟を遣して、其の占状を奏す。詔して曰はく、「卜者の言に依りて、父の神を祭ひ祠れ」とのたまふ。大臣、詔を奉りて、石像を礼び拝みて、寿命を延べたまへと乞ふ。是の時に、国に疫疾行りて、民死ぬる者衆し。

（『日本書紀』敏達十四年二月条）

e物部弓削守屋大連と、中臣勝海大夫と、奏して曰さく、「何故にか臣が言を用ゐ肯へたまはざる。考天皇より、陛下に及るまでに、疫疾流く行りて、国の民絶ゆべし。豈専蘇我臣が仏法を興し行ふに由れるに非ずや」とまうす。詔して曰はく、「灼然なれば、仏法を断めよ」とのたまふ。

物部弓削守屋大連、自ら寺に詣りて、胡床に踞げ坐り。其の塔を斫り倒して、火を縦けて燔く。并て仏像と仏殿とを焼く。既にして焼く所の余の仏像を取りて、難波の堀江に棄てしむ。是の日に、雲無くして風ふき雨ふる。大連、被雨衣り。馬子宿祢と、従ひて行へる法の侶とを訶責めて、毀り辱むる心を生さしむ。乃ち佐伯造御室 更の名は、於閭礙。を遣して、馬子宿祢の供る善信等の尼を喚ぶ。是に由りて、馬子宿祢、敢へて命に違はずして、惻愴き啼泣ちつつ、尼等を喚び出して、御室に付く。有司、便に尼等の三衣を奪ひて、禁錮へて、海石榴市の亭に楚撻ちき。

（『日本書紀』敏達十四年三月条）

ところがその直後のこと、d馬子が病気に冒され、卜者に占わせたところ父がはじめた蕃神の祭祀が原因であることがわかったので大王に報告するも、大王は従来通り祭祀を続行せよと命じたので弥勒の石像を礼拝したという。この場合には馬子個人が病に罹っただけなのでことなきを得たとすべきである。

しかし、その後引き続いて疫病が大流行したので、e物部弓削守屋大連・中臣勝海大夫が奏上して仏教崇拝を停止すべきであると批判し、大王もこれに同意したため、大連らは自ら寺にやってきて塔を斬り倒し火を縦けて燔き、さらに仏像と仏殿とを焼いた。さらに焼き余りの仏像を取り出して難波の堀江に流し棄てるという強硬策に出た。こうして馬子は大いに恥辱を被る羽目に陥ったが、さらに大連らは三尼を差し出すよう馬子に要求し、佐伯造御室に命じて尼僧を海石榴市の亭（馬屋）に連行し尻・肩に鞭打つという刑罰をも加えさせたとする。

疫病が流行したことやその原因が馬子の崇仏にあると批判されたという話は事実であろう。さらに物部大連守屋・中臣勝海が右のような破仏の行為を大王の命令に基づいて行ったことも事実とすることができる。守屋は「何故にか臣が言を用ゐ肯へたまはざる」と言い、災異の原因は「専蘇我臣が仏法を興し行ふに由れるに非ずや」と断じている。その意味するところは、かねてより自分らが主張してきた蕃神の共同奉祭を蘇我が拒否し、専ら勝手次第に仏法を興行したからであるということになるだろう。物部氏らは祭官の規制による廷臣の共同祭祀を否定されたために、災異の原因をその点に集中させ王権祭式による破仏を断行したのである。仏教をめぐるこの紛争には明らかに祭官氏族と蘇我大臣という対立の図式が顕在化しており、諸他の氏族らが関与していないことに留意すべきであると思う。

仏塔を斬り倒して焼却する、仏像を堀江に棄て流す、三衣を剥ぎとった尼を市場で鞭打つなどの排仏派が行ったこれらの処罰の本質は、疫病の原因とされた悪神を燃やし、水流に禊祓し、尼の体内にとりついた罪・穢を祓除するという祓えの行為そのものである。馬子は「敢へて命に違はずして、惻愴き啼泣ちつつ、尼等を喚び出して、御室に付く」とあるように、こうした伝統的な祓えの刑罰に逆らうことができなかったために廃仏派の行為をすべて許容せざるを得なかったと考えられる。すなわち廃仏派のやり口は単なる見せしめ的な破壊行為などではなく、伝統的な祭式の規定に則った公権的刑罰を加えただけなのである。

f天皇、任那を建てむことを思ひて、坂田耳子王を差して使とす。此の時に属りて、天皇と大連と、卒に瘡患みたまふ。故果して遣さず。橘豊日皇子に詔して曰はく、「考天皇の勅に違ひ背くべからず。任那の政を勤め修むべし」とのたまふ。又瘡発でて死る者、国に充盈てり。其の瘡を患む者言はく、「身、焼かれ、打たれ、摧かるるが如し」といひて、啼泣ちつつ死る。老も少も竊に相語りて曰はく、「是、仏像焼きまつる罪か」といふ。

（『日本書紀』敏達十四年三月条）

g馬子宿祢、奏して曰さく、「臣の疾病りて、今に至るまでに癒えず。三宝の力を蒙らずは、救ひ治むべきこと難し」とまうす。是に、馬子宿祢に詔して曰はく、「汝独り仏法を行ふべし。余人を断めよ」とのたまふ。乃ち三の尼を以て、馬子宿祢に還し付く。馬子宿祢、受けて歓悦ぶ。未曾有と嘆きて、三の尼を頂礼む。新に精舎を営りて、迎へ入れて供養ふ。或本に云はく、物部弓削守屋大連・大三輪逆君・中臣磐余連、倶に仏法を滅さむと謀りて、寺塔を焼き、并て仏像を棄てむとす。馬子宿祢、諍ひて従はずといふ。

（『日本書紀』敏達十四年六月条）

破仏事件の後、f今度は大王と大連とが瘡患に悩まされ、また多数の疫死者が出たが、「是、仏像焼きまつる罪か」という風評が立ったとするのは、書紀の仏教関係記事を編んだ道慈の作文である可能性が高く、gで大王に崇仏を許容させる言辞を導きだすための措置ではないだろうか。馬子の病気が四カ月近く長引いているように記されているのも不審で、「三宝の力」を際立たせるための作為と考えてよい。大王は「汝独り仏法を行ふべし。余人を断めよ」と答えているように、敏達王権も崇仏に関しては馬子一人に限るという姿勢を貫いていたことがわかり、孝徳詔に「天皇、馬子宿祢に詔して、其の法を奉めしむ」という記述と連動する文であると考えられるのである。つまり、敏達は仏教に関しては父欽明大王が決めた方針をそのまま受け継いだことを示すのである。因みにｇの末尾にみえる或本の記事は本来ｅの最後に記されるべきもので、ｆ・ｇの文章は右にみた敏達大王の短い詔文と任那関係の部分を除いて書紀編者の作文の疑いが強いと言わざるを得ない。

Ⅳ　推古朝の仏教

整備された本格的な大規模伽藍である飛鳥寺の造営は仏教受容史の一大画期を成す。この寺は蘇我馬子を檀越とし物部大連守屋の滅亡を契機として崇峻元（五八八）年に造営が開始された。寺地は飛鳥の真神原に定められ、百済からの多数の工人集団の派遣を得て推古四（五九六）年に伽藍の主要部が完成した。発掘調査の結果本寺の伽藍様式は「一塔三金堂」という奇抜なもので、高句麗の清岩里廃寺などに造営様式の手本があるとされている。

推古紀四年十一月条には、「法興寺、造り竟りぬ。則ち大臣の男善徳臣を以て寺司に拝す。是の日に、慧慈・慧聡、二の僧、始めて法興寺に在り」とあって、竣工した飛鳥寺には高句麗・百済の僧を迎えており、二人の僧侶は馬子の招請により来朝したものと推測され、また大臣の子善徳臣が寺司に選ばれたとする。日本仏教濫觴の地である飛鳥寺が蘇我馬子の私寺としての色彩を濃厚に帯びていた事情をここから読み取ることも可能だろう。ただし飛鳥寺が官寺か私寺かという論争はこれまでしばしば繰り返されてきたが、私は王権に仕える蘇我大臣家が建立した寺院である以上、飛鳥寺は官寺としての性格を多分に有していたと考えている。その根拠はこれまでに述べてきた欽明大王が稲目に崇仏を命じた経緯をとくに重視するからである。

それでは、推古女帝は仏教興隆にどういう役割を果たした大王であったのだろうか。推古女帝と仏教の関係を窺わせるひとつのエピソードをまず取り上げてみたい。これは女帝の治世末期頃に起きた事件である。

一の僧有りて、斧を執りて祖父を殴つ。時に天皇、聞きて大臣を召して、詔して曰はく、「夫れ出家せる者は頓に三宝に帰りて、具戒法を懐つ。何ぞ懺い忌むこと無くして、輙く悪逆なることを犯すべき。今朕聞く、僧有りて祖父を殴てり。故、悉に諸寺の僧尼を聚へて、推へ問へ。若し事実ならば、重く罪せむ」とのたまふ。是に、諸の僧尼を集へて推ふ。則ち悪逆せる僧及び諸僧尼を、並に罪せむとす。是に、百済の観勒僧、表上りて言さく、「夫れ仏法、西国より漢に至りて、三百歳を経て、乃ち伝へて百済国に至りて、僅に一百年になりぬ。然るに我が王、日本の天皇の賢哲を聞きて、仏像及び内典を貢上りて、未だ百歳にだも満らず。故、今の時に当りて、僧尼、未だ法律を習はぬを以て、輙く悪逆なることを犯す。是を以て、諸の僧尼、惶懼りて、所如知らず。仰ぎて願はくは、其れ悪逆せる者を除きて以外の僧尼をば、悉に赦して勿罪したまひそ」とまうす。天皇、乃ち聴したまふ。

郵便はがき

料金受取人払郵便

麹町支店承認

7424

差出有効期限
平成24年10月
28日まで

102-8790

104

東京都千代田区飯田橋4-4-8
東京中央ビル406
株式会社 同成社
読者カード係 行

ご購読ありがとうございます。このハガキをお送りくださった方には今後小社の出版案内を差し上げます。また、出版案内の送付を希望されない場合は右記□欄にチェックを入れてご返送ください。 □

お名前《ふりがな》　　歳　　男・女

〒　　TEL

ご住所

ご職業

お読みになっている新聞・雑誌名

〔新聞名〕　　〔雑誌名〕

お買上げ書店名

〔市町村〕　　〔書店名〕

詔して曰はく、「夫れ道人も尚法を犯す。何を以てか俗人を誨へむ。故、今より已後、僧正・僧都を任して、仍僧尼を検校ふべし」とのたまふ。観勒僧を以て僧正とす。鞍部徳積を以て僧都とす。即日に、阿曇連（名を闕せり。）を以て法頭とす。

（『日本書紀』推古三十二年四月条）

僧尼が犯した俗界の罪に対して大王が大臣を介して裁断を加えようとした。しかるに、渡来僧の観勒が意見を陳べてそれを抑えた。仏教界には俗世の法を適用させてはならないとする彼の意見が通ったのだ。しかし、大王は僧尼を統制する組織だけは作らせることに成功した。この記事から、大王が仏教に対して俗法を行使する立場にはなかったことがわかる。仏教界には新しい統制組織ができたのだが、それは大臣と観勒の連携と話し合いの下で作られた。僧正・僧都・法頭に任命された者たちの顔ぶれをみれば蘇我氏と強いつながりを持つ者たちであることが明らかだからである。さらにもっと言うと、この話の主体が大王のようになっているのは書紀編者の造作である疑いもある。法界の事件に俗権を及ぼすことができたのは蘇我大臣だったと推測できるからである。

ところで、大王推古と仏教との関係を窺わせる素材は推古紀十三年四月・同十四年五月および七月条や同年是歳条なども挙げることができるが、やはり次に掲げる三宝興隆の詔を基本とすべきである。

皇太子及び大臣に詔して、三宝を興し隆えしむ。是の時に、諸臣連等、各君親の恩の為に、競ひて仏舎を造る。即ち是を寺と謂ふ。

（『日本書紀』推古二年二月条）

推古女帝の仏教興隆に関する詔が明記されている主な条文は右の記事である。従来は「三宝」という憲法十七条に出てくる同じ語句の存在ともあいまって、推古女帝の仏教興隆策に関わる中心的な詔文という評価を与えられてきた文章である。しかし私はこの詔には次の点で重大な疑義があると思う。

まず、大王の詔は「皇太子及び大臣」を対象に発布されたとするが、原詔ではおそらく大臣馬子だけを対象にしていたと推測できる。「皇太子」＝厩戸太子が含まれているのは、推古朝の権力構成が女帝即位とともに成立していたとする書紀編者の歴史構想に強引に合わせようとしているからであろう。推古朝の権力構成は、推古女帝の下に日嗣の太子と大臣がおり、太子・大臣が共同で大王の統治を補佐するという形態をとっていたと考えられる。

推古天皇の世に、上宮厩戸太子と嶋大臣は共同して天下の政を補佐し、仏教を興隆させて飛鳥寺・四天王寺などを建立した。

（『上宮聖徳法王帝説』）

書紀や帝説が記す厩戸太子と馬子の共同輔政の伝記は正しいものと考えてよいが、その開始時期についてはかなりの疑いが残る。書紀は推古元年四月に厩戸太子を「皇太子」に立て「録摂政らしむ。万機を以て悉に委ぬ」と記すが、厩戸が実際に輔政に参画したのは推古九年二月から十三年十月にかけて斑鳩に宮室を設けた前後の時期からのことであり、斑鳩寺（法隆寺）の造営もこの時期と推測されるのであるから、推古二年発布の三宝興隆詔には「皇太子」が対象となっていたとは考え難いのであって、詔で実質的に大王から三宝興隆の教令を受けたのは大臣馬子ひとりだけであったと推測され、欽明大王の基本方針がここでも確認されただけであると解釈することが可能なのである。

しかし、推古女帝は大臣馬子の承諾を得ながら王家に仏教興隆のもうひとつの主体を創り出そうと考え、厩戸太子にその構想の実現を担わせたのは事実であろう。太子と大臣による共同輔政を仏教の分野にも及ぼそうという推古女帝の施策は馬子の承認を得たと考えられ、仏教伝来の歴史においてはこの点が推古以前とは大きく異なるであろう。ただ、厩戸太子が女帝の詔を受けた形跡はなく、太子の斑鳩遷居と斑鳩寺の造営には推古の強い意思が介在していたことが推定できるだけである。女帝の仏教に対する熱意は飛鳥寺の丈六銅・繡両像の造営にまで及んでいたとされ、

天皇、皇太子・大臣及び諸王・諸臣に詔して、共に同じく誓願ふことを発てて、始めて銅・繡の丈六の仏像、各一躯を造る。乃ち鞍作鳥に命せて、仏造りまつる工とす。

（『日本書紀』推古十三年四月条）

というような文章まで作られているのであるが、冒頭で引用した孝徳大王の詔には、推古女帝の御世に「馬子宿祢、天皇の奉為に、丈六の繡像・丈六の銅像を造る。仏教を顕し揚げて、僧尼を恭み敬ふ」とまとめている。丈六の銅像とは飛鳥寺の釈迦大仏を指しており、この仏像は馬子が大王のために造営したと記し、明確にも馬子が崇仏の主導権を握っていた事実を明らかにしており、女帝の意向に基づき諸王臣らの手で造像されたという右引史料の文言と明確にも矛盾しているのであり、孝徳詔では女帝や厩戸太子の役割などを記した文章はどこにも見当たらないのである。

この時期においても馬子が仏教興隆策の主導権を実質的に握っていたことは間違いなく、その淵源は何度も言うように「蕃神の祭祀権」が欽明朝以来一貫して蘇我大臣家に委ねられてきた歴史にあると考えら

れるのであり、おそらく厩戸太子は推古女帝と馬子の共同の権力構想の下、飛鳥と並んで斑鳩にもうひとつの崇仏の拠点を創出しようとしたのであろう。天武朝に開始された書紀の編纂において、厩戸太子を日本仏教の開創者とする意図が存在したと考えられるから、厩戸太子や女帝の事績をことさらに称揚しようとする意図が前面に押し出されているのであるが、厩戸太子の現実的な立場としては、蘇我系王族の有力な一員として大臣馬子の積極的な支援を得る受動的な立場にあったに過ぎないであろう。推古朝政治の実権者は実のところは馬子なのであり、書紀や帝説のように厩戸太子を推古朝仏教の先導者とみなすことは歴史の事実に反するであろう。

このようにみてくると、仏教をめぐる推古女帝の立場は欽明王権の場合と本質的に変わりがないと言えるのではなかろうか。すなわち女帝はこの時期においても欽明以来の伝統的な立場を踏襲しており、王権それ自体が全面的に仏教興隆を推進するという姿勢を表明していなかった。推古女帝は蘇我馬子とは叔父・姪の関係にあり、また厩戸太子とも姨・甥という濃厚な血縁関係にあった。そのために馬子としては女帝の意向に沿って厩戸の崇仏を背後から支援したのであろうが、王権自体が天下に仏教興隆を宣言するということは無かったと言わざるを得ない。

すなわち、推古朝の仏教興隆策は大臣蘇我馬子を基軸として、それに協力する厩戸太子が一枚噛んで推進されたもので、推古は「豊御食炊屋姫」という諡号からも推測できるように飛鳥・斑鳩の諸仏に仕える「炊女」として自己を位置づけたように、女帝自身はなるほど個人的には仏教の理解者ではあったと考えられるものの、王権の主導者として仏教に対しては欽明大王以来の原則・立場をなお超え出ることはなかったと判断せざるを得ない。「蕃神の祭祀権」の実質はなお大臣馬子が掌握していたと考えられるからである。

V　厩戸王子と仏教

周知の通り、憲法十七条は厩戸太子が作ったとされ推古十二年四月に発布された。その内容は純然たる法律の体裁をとっているというよりも倫理的な規範や訓戒から成っており、君・臣・民の身分的秩序を中軸にすえて、君主に仕える臣下がいかにして人倫の規範を守り官司への服務を厳格に行うべきかを述べている。君主の代理として政務をとる臣下の為政者としての心構え・規律・注意事項が十七条文の大半を占めているのである。「三宝を敬へ」という著名な言葉を含む条文は第二条に掲げられている。

二に曰はく、篤く三宝を敬へ。三宝とは仏・法・僧なり。則ち四生の終帰、万の国の極宗なり。何の世、何の人か、是の法を貴びずあらむ。人、尤悪しきもの鮮し。能く教ふるをもて従ふ。其れ三宝に帰りまつらずは、何を以て枉れるを直さむ。

太子は仏・法・僧の三宝を大切にし、その教えによって枉った人間の心を匡すことができるのだと主張している。一方、憲法発布より十年ほど前の『日本書紀』推古二年二月条には先ほど引用した推古女帝の三宝興隆詔が掲載されているのであり、大王の「三宝を興し隆えしむ」という思想がすでに太子と大臣に対して表明されていたことになるのである。そうすると、仏教を天下に興隆するという考えの始まりは推古女帝にあり、大王の意向を受けて憲法にその思想を成文化したのが太子であり、また詔が発布されたことにより「諸臣連等」が競って寺院の建立に励んだということになるだろう。こうして、推古朝は飛鳥仏教の画期的な時期であるとの通説的なイメージが形成されることになった。大王と太子とがタイアップして、言葉を代えて言うならば、王権が仏教を推進する中軸の勢力になったというわけである。しかし、書紀のこれらの記事と先に引用した孝徳詔の内容とは明らかに大きく食い違っている。

ところで、推古朝の仏教興隆の問題に寄与してきた十七条憲法については、厩戸太子が作成したものではないとする説がすでに戦前に津田左右吉によって唱えられていた。条文の中に推古朝当時の制度としては存在しないはずの「国司」の語があることを明快に指摘し、条文全体は儒教に造詣の深い人物の手になるもので、作成の時期は七世紀後半頃だろうとするのである。私は津田の憲法偽作説に賛同するものであるが、その作成時期と作者とについては異論を持っており、憲法は孝徳朝新政の時期に遣唐留学僧の長期にわたる経験を経、帰国後国博士に任じられた僧旻であると考えている。

さらに推古朝には「寺四十六所」（推古紀三十二年九月条）が造営されていたと伝えているが、実際には七世紀前半期に遡る寺院遺構の数は大和を中心とする畿内にも十カ所程度しか存在せず、書紀の記述に過大な評価を与えることには問題があるだろう。もしそうであるならば、憲法の「篤く三宝を敬へ」という思想の根拠も例の推古女帝の詔ではなく、孝徳朝の新政と関連してくる可能性が強まるだろう。

ところで、憲法十七条を含む推古紀（巻二十二）・舒明紀（巻二十三）の編述は、巻二十一以前と巻二十四以降の編纂とは述作者・述作の時期ともに相違していることが従来の書紀区分論から指摘されてきており、最近では、文体論の立場から推古紀はもとより憲法の述作そのものも天武朝以後に行われたとする森博達の新説まで提示されている。私は憲法の原条文は壬申の乱の災禍を免れたとみているのだが、津田が指摘した「国司」の語の例のように書紀編纂者が条文に対して何らかの大幅な改変・潤色を施したことを否定するものではない。このように憲法十七条を推古朝のものとすることにはさまざまな問題があると考えられる。

では厩戸太子と仏教との関係はどのように把握されるべきであろうか。書紀の崇峻即位前紀によれば、厩戸太子は馬子の飛鳥寺造営と並んで難波に四天王寺の造営を行ったとしており、推古元年是歳条にも「始めて四天王寺を難波の荒陵に造る」とある。四天王寺は発掘調査によれば推古朝の後半期頃に伽藍の主要部が竣工したようなので、書紀の伝えには大幅な誇張と歪曲が施されていることが明らかである。

元来この寺は対新羅政策との関連で外交権を掌握していた大臣馬子を中心に造営された寺院であったのではないかと考えられる。推古三十一年七月に新羅の使者がもたらした諸種の仏具を四天王寺に納めたとする記事がみえており、さらに孝徳朝の大化四年二月、阿倍大臣が四仏像を塔内に安置し、釈迦の浄土を象徴する霊鷲山の像を造ったとするので、四天王寺は朝廷の寺院という性格を強く帯びていたようである。本寺は元来厩戸太子とは直接結びつきのない寺院であった可能性が強く、厩戸との関係が特に強調されるようになるのは、聖徳太子信仰が盛り上がる七世紀後半以降のことではなかろうか。

厩戸太子が自己の一族である上宮王家のために造営した寺院こそが斑鳩寺こと法隆寺であろう。現在の法隆寺西院伽藍は天智九年四月の焼亡以降に再建されたもので、創建伽藍は地下に眠る若草伽藍が相当する。斑鳩寺は推古九年に厩戸太子が斑鳩に宮室を設けたことを契機とし「丁卯年」（推古十五年）に造営が開始された（『法隆寺伽藍縁起并流記資財帳』）。宮室と寺院を東西に並列させる構成は当時としては画期的な構想とすることができ、太子の仏教に対する強い熱意の現れとも解することができるが、その造営事業は蘇我馬子の飛鳥寺にかなりの遅れをとっており、蘇我大臣家の諸種の援助があってこそ造営に着手できたのではないだろうか。

すなわち、寺院を造営するためにはまず何よりも伽藍建築のための工人集団と各種の膨大な量の資材とが必要になり、完成の後には本尊以下の仏像や経典などを完備しなければならない。また寺地を整備し建築物を組み上げていくためには大量の役民とそれを養うための食糧などがなければならず、それらを運用する組織（造寺司）も必要となる。そして、事実上これらを全体的に組織し差配できる権限と力を持っていたのは大臣馬子だけである。太子は親族である馬子の好意的な助成を得て斑鳩寺を造営することができたと考えられ、本論で強調している「蕃神の祭祀権」の内実とはまさにこのことなのである。だから仏教の分野で太子の自主性を過度に強調することは、書紀の歴史観に囚われた見方であると言える。

厩戸太子は後世に「和国の教主」として祭り上げられることになる。釈迦すなわち本物の仏教創立者であるインドの執陀太子になぞらえられた「和国の教主・聖徳太子」の誕生である。現在の一般的なイメージでも太子こそが最初の本格的な仏教の理解者であるとされている。太子没後にその妃の一人であった位奈部橘王が製作した天寿国繍帳銘に、「世間は虚仮、唯仏これ真」と記された生前の太子の言辞が太子の深い仏教への理解を示しているとの評価があり、また「三教義疏」の編纂と推古天皇への講義も太子の教養と関心が仏教に向けられていたことを示すとされる。

しかし、これらの事績を歴史的な事実と解することには躊躇される。なぜならば太子の側近には高句麗僧の慧慈・飛鳥寺の慧聡や博士覚哿などの内典・外典に通じた優れた異国の知識人がおり、彼らの助力によって太子の仏教上の知識が獲得されたからである。また、その知識が現世利益や七世父母の供養といった当時の一般的な蕃神信仰といかに区別されるものであったかは明らかではない。蘇我・物部の丁未戦争に参加した若き厩戸王子は朝廷軍が苦戦するのをみて四天王像を彫り、戦勝を祈願するとともに四天王寺の造営を誓願したとされる（崇峻即位前紀）。これは太子が生まれつき持っていたとされる超人的な能力を賛美したもので、仏教の呪術的現世利益的な捉え方にほかならない。先にも述べたように、太子創立の確実な寺院としては斑鳩寺しかない。しかもこの寺は上宮王家すなわち太子一族の現世における利益を期して造営された寺院であるに過ぎず、太子の仏教理解が高度な哲学的レベルのものに高まっていたか否かについては書紀編者の虚構と考えられ否定的たらざるを得ないのである。

太子の人物像について、書紀の記すさまざまな伝記には太子が超人的な聖人であったことを強調する記述が目立つ。生まれた場所が馬官でキリストの誕生に擬定されているとする説があるほか、生まれながらにしてすぐ口を開いたとか、子どもなのに聖智を備えていたとか、成人してからは一度に十人の訴えをすべて同時に弁じることができたとか、さらには未来のことを予言・予知する能力に長じていたとかいう類の超能力である（推古即位前紀）。

さらに、推古紀二十一年条に載せるかの片岡山遊行伝説では、道路の傍らに倒れ臥していた飢者が聖人であることを見抜いた太子を、「聖の聖を知ること、其れ実なるかな」と評し、太子が特別な能力を備えた「真人」であると称賛している。「真人」とは道教で神仙に化した人のことであり、飢者が屍を遺さずに姿を消したとするいわゆる「尸解仙」の話とともに神仙思想による潤色が施されているのである。つまり、太子は凡人を超越した聖人であるとする人物像が卓越しており、それをベースとして太子の執政者・仏教者としての像が重ねられている。

このような多面的で超絶的な太子像こそがかれをして憲法十七条を作成せしめた因由とみなされたものと考えられる。憲法十七条は、中国から伝来した儒教・法家の思想・讖緯説・仏典などさまざまな文献を渉猟し、その内容を理解することのできた当時としては一級の知識人の手でまとめられた政治的倫理的な訓戒の書である。こういう文章を作ることのできた人物としては、人間たることを超越した「聖」なる厩戸太子以外にはないと想定され、また太子は王族として「国に二の君無し」と言わしめることのできる身分の人でもあった。仏教に関する憲法の第二条文も太子の事績に相応しい思想を表出していると解釈されたのであろう。しかし、こと仏教に関する限り太子が実質的な主導権を握っていた証跡がないだけではなく、そもそも仏教教義に対する深い理解が認められないことはこれまでに論じてきたことで明らかであろう。

憲法十七条には、第三条に「君をば天とす。臣をば地とす。天は覆ひ地は載す」というような推古朝においては暗示的で具体性に欠ける文章があり、さらに第十二条には「国に二の君非ず。民に両の主無し」ともある。これらの文言は厩戸太子が暗に蘇我大臣家の専権を批判しているのであると解されているむきもあり、また憲法は実際には公表されなかったという論に固執する研究者もいるのだが、馬子の贔屓や支持こそが太子の存立条件であったとするならば、憲法の述作が孝徳朝の新政と関連して行われた事業であると解することで、「篤敬三宝」の条文と孝徳大王の仏教興隆詔とが自然に符合することになるのである。王権が自ら仏教興隆に乗り出した最初の大王は、述べてきたように推古女帝ではなく孝徳大王であったと判定せざるを得まい。それは乙巳の変まで飛鳥仏教すなわち「蕃神の祭祀権」を一貫して掌握していたのが蘇我大臣家であったという厳然たる歴史的事実を肝に銘じるからである。

孝徳大王はその即位前紀に記すように、「仏法を尊び、神道を軽りたまふ」大王であった。大王のこうした性格が何に起因したのかについては、長い留学期間を終えて帰朝した学問僧僧旻との親密な交わりが大王をして仏教に傾倒させた要因であると考えられる。本論冒頭に引用した大化元年八月の仏教興隆詔こそは、王権が初めて仏教に対する主導権を掌握したことを宣示する歴史的な文書であると評価できるのである。くり返して強調するように憲法の述作者を私は僧旻と推定している。僧旻は遣唐留学僧として彼の地の国制や学問を長年にわたり学んだ知識僧であり、孝徳政権内では国博士という重要ポストに信任された大王のブレーンでもある。こういう経歴からみて憲法の原作者は僧旻であり、その述作時期は新政が軌道に乗り始めた大化五年前後頃と考えられるのである。

Ⅵ　百済大寺と蘇我大臣家

田村王子はひと悶着あったものの推古女帝の後継者として即位した人物であるが、『大安寺伽藍縁起并流記資財帳』に、病気により厩戸太子が建立を果たせなかった熊凝寺の造営を田村王子が太子から付嘱されたとする伝承が遺されている。この伝承は熊凝寺の実体がはっきりしないことや、厩戸太子から田村王子への友好的な仏教相承を描こうとする奈良時代の仏家の思想によるもので虚偽の造作であると解することができるが、百済大寺の造営については史実であることが明らかになってきた。

近年、桜井市吉備に所在する吉備池廃寺の発掘調査により、舒明大王の造営にかかると伝えられている百済大寺の偉容が明らかになりつつある。舒明大王は周知のように蘇我氏とは血縁関係に無い大王であったが、推古女帝没後の王位継承をめぐる紛争の中で大臣蘇我蝦夷の推戴を得て即位した人物である。蘇我氏が田村を推戴した理由は、馬子の娘が政略結婚により田村の妃に入って古人大兄を儲けていたからであり、それゆえに、大王は大臣蝦夷から強い権力的掣肘を受ける立場にあったと考えられるが、治世の終わり頃磐余に近い百済の地に百済大寺と大宮とを造営したと書紀に記されているのである。

この地域は祖父敏達大王の百済大井宮の故地に当る所と推定され、忍坂彦人大兄王子を経て舒明大王に伝領された王室の土地であったと考えてよかろう。百済の地への遷都は大王が政治的に大臣蝦夷の規制力から自立しようとする思惑を含んでの行動であったともみなされ、百済大寺の規模・様式は蘇我大臣家の飛鳥寺に対抗しようとする意図を顕在化したものと評されている。百済大寺は歴史的には初発の王立寺院であり、欽明大王以来の歴代が踏み切れなかった寺院造営を舒明が初めて敢行したのである。その造営詔は、

詔して曰はく、「今年、大宮及び大寺を造作らしむ」とのたまふ。則ち百済川の側を以て宮處とす。是を以て、西の民は宮を造り、東の民は寺を作る。便に書直県を以て大匠とす。

（『日本書紀』舒明十一年七月条）

とあり、斑鳩寺と同じように宮とワンセットで寺を造営している点に特色があるとともに、詔には仏教興隆のことは何ら盛り込まれていなかったと推測される。すなわち、大王は寺を造営しただけで、対仏教政策の主導権を蘇我大臣家から回収するまでには至っていなかったことを右の詔は明瞭にも物語っているのである。百済大寺の造営については蘇我氏の飛鳥寺に対抗しようとする大王の自主性がすこぶる強調される傾向にある。本寺は飛鳥時代では最大級の金堂と九重の塔を備えた堂々たる伽藍であることが判明している。そこに舒明大王の蘇我氏への対抗意識を読み取ろうとするものである。

しかし、蘇我大臣家が百済大寺の建立に無関係であったと想定できるであろうか。右の造営詔では蘇我大臣家の関与は何も記されていないが、むしろ蘇我氏は百済大寺の造営を後押ししたとみられ、それには大臣蝦夷との交換条件があったと推測されるのである。それは大寺造営の見返りに馬子が推古大王に要求した葛城県を下賜されるというものであったと考えている。

六・七世紀の政治史の基調を敏達系王統と蘇我系王統との対抗関係を軸に展開する説がある。敏達大王は蘇我大臣家との姻戚関係を形成することを意図的に拒み、近江の息長氏や伊勢の土豪大鹿首氏との縁組を積極的に推進して、当時の王都のあった磐余から泊瀬川・寺川水系に沿って広瀬・葛下郡方面への開発政策を積極的に推し進めた。それに対し、蘇我氏は本拠地のある飛鳥地方を大規模に開発し、さらに厩戸太子の一族を平群郡方面に進出させて敏達王統の動きを牽制したと言うのである。蘇我腹の額田部王女が敏達大王の後添えの大后になったのは両王統の政治的妥協の産物としての色合いが濃いが、そのことが推古女帝の誕生につながっていることは見逃しがたい事実であろう。このように、右の学説はこれまであまり注意されてこなかったさまざまな未解明の問題を照射してきた実績を持っているのであるが、舒明大王は事実上崇仏の主導権を掌握していなかった。

右の詔では東漢氏の一族である書直県が大匠として造営の中心を担っている。東漢氏は蘇我氏にもっとも密着した渡来氏族なのであるから、大王の主体的な命令だけで百済大寺の建立が可能になったとは考えにくい。さらに百済大寺は飛鳥寺を意識していたというよりも新羅の王立寺院である皇龍寺に対抗する意図があったと言われる。そうであれば対百済外交を推進しようとした蘇我氏はむしろ積極的に大王の構想を後押しできたであろう。

蘇我大臣家はすでに稲目・馬子・蝦夷の三代にわたって日本仏教の唯一の庇護者としての立場を確立していたと考えられるのであり、王族のみならず渡来系を始めとする諸氏族の寺院造営という行為には、大臣家への臣従の礼とその許可が必要とされた蓋然性さえ想定されるのではないであろうか。その根源は、蘇我大臣のみが仏教興隆を王権から委託され積極的に保障されてきた歴史があったからであると言えよう。すなわち舒明大王も自ら仏教興隆策を天下に公言し得る立場にはなかったと言わざるを得まい。

舒明大王の後嗣に選ばれた皇極女帝においても仏教は蘇我大臣家が主導していたことを示す記事がある。その一つは皇極元年九月条にみえる百済大寺および飛鳥板蓋宮造営の詔であるが、前者について書紀は次のように記している。

天皇、大臣に詔して曰はく、「朕、大寺を起し造らむと思欲ふ。近江と越との丁を発せ」とのたまふ。百済大寺ぞ。

夫舒明が発意して完成しなかった百済大寺の造営を大后であった皇極が受け継いだことを示す記録であるが、女帝は大臣に自分の意向を述べ役民の徴発について命令を下していることがわかる。この件に関しては『大安寺伽藍縁起并流記資財帳』に、「爾の時、後岡基宮御宇天皇は此の寺を造る司阿倍倉橋麻呂、穂積百足二人を任け賜ふ」とあって、ここでは蘇我大臣の関与のことはまったく記述がないが、これは造寺司の組織を伝えているもので、大安寺は意図的に蘇我大臣の造営への関わりを無視し排除しようとしているようにも受けとれる。その点では書紀の記述のほうが重要であると言え、大臣の政治力を借りないでは百済大寺の造営が不可能であったことを明確に示唆するものである。

もう一つの記事は、同じく皇極紀元年七月と八月の両条にみえる。

群臣相語りて曰はく、「村村の祝部の所教の隨に、或いは牛馬を殺して、諸の社の神を祭る。或いは頻に市を移す。或いは河伯を祷る。既に所効無し」といふ。蘇我大臣報へて曰はく、「寺寺にして大乗経典を転読みまつるべし。悔過すること、仏の説きたまふ所の如くして、敬びて雨を祈はむ」といふ。

大寺の南の庭にして、仏菩薩の像と四天王の像とを厳ひて、衆の僧を屈び請せて、大雲経等を読ましむ。時に、蘇我大臣、手に香鑪を執りて、香を焼きて願を発す。微雨ふる。雨を祈ふこと能はず。故、経を読むことを停む。

天皇、南淵の河上に幸して、跪きて四方を拝む。天を仰ぎて祈ひたまふ。即ち雷なりて大雨ふる。遂に雨ふること五日。溥く天下を潤す。或本に云はく、五日連に雨ふりて、九穀登り熟めりといふ。是に、天下の百姓、倶に称万歳びて曰さく、「至徳まします天皇なり」とまうす。

（『日本書紀』皇極元年七月・八月条）

長期の旱魃に群臣・蘇我大臣・女帝がそれぞれどのように対処したのか、その結果はどうであったのかを物語る興味深い記事である。さまざまな祈雨の祭祀の様子が明らかになるのだが、当面の問題は、蘇我大臣が実施した仏教系の祈雨儀礼と女帝が実修した天地四方の拝祭との比較ということになるだろう。

記事の中の「大寺」については飛鳥寺であると考えられる。さらに、大臣が既存の「寺寺にして大乗経典を転読みまつるべし」と指示しているのは、まさしく大臣が修法の主導権を天下に掌握していることを意味するものであろう。さらに大臣みずからが大寺に出向いて祈願の修法を実施したのもそのことと関連するだろう。しかるにこれらの修法は失敗に帰したとし、雨がほとんど降ることもなく読経を停めたと記している。その代わりに南淵の河上に行幸した女帝の天地四方の拝礼は大いに成功し、雷が鳴り大雨を得たので天下の百姓は皆万歳を称したとする。大王の神的威力の豊かさを賛美する内容になっているのであるが、よくよく考えてみると、実はこの伝記は大王が仏教に対して手を出すことができなかった事情を裏書きするものとも言えるだろう。同じ皇極紀三年六月条に次のような記事がみえている。

剣池の蓮の中に、一つの茎に二つの萼ある者有り。豊浦大臣、妄に推して曰はく、「是、蘇我臣の栄えむとする瑞なり」といふ。即ち金の墨を以て書きて、大法興寺の丈六の仏に献る。

畝傍山東南麓の剣池に祥瑞の蓮が出現したことを、蘇我一族の繁栄する兆しであると大臣蝦夷が自己流に解釈して満足している様子を記している。剣の池を中心とした飛鳥西方の一帯は蘇我氏のもともとの本拠地であるとみられ、そうした土地に仏教で言うめでたい蓮華が咲いたことを称揚しているのは、豊浦大臣すなわち蝦夷にとって仏教の本質とは自己の権力を支え飾るものであった事情を物語っている。女帝はこれを苦々しい想いで傍観していたのではあるまいか。その皇極女帝は、中国の神仙思想や道教に傾倒した大王として著名である。隋・唐からの帰朝者の影響によるものとも言えるが、これはむしろ大王が仏教から疎外されているという状況が大いに関係しているのではあるまいか。そうすると、結局は王権が仏教において主導権を握り得たのは蘇我大臣家が滅亡した乙巳の変の後ということになり、冒頭で論じた孝徳大王の詔こそがその証ではないかと考えられるのである。

これまで長々と欽明朝から孝徳朝に至るまでの仏教受容の歴史について私の考え方を述べてきた。その結果、乙巳の変で蝦夷・入鹿父子が滅亡するまで蘇我大臣家が崇仏の実権を握っていたことを明らかにしてきたが、欽明大王は自ら崇仏の先頭に立とうとはせず、さらに祭官という王権の祭祀機構を持ちながらなぜ大臣稲目ひとりに祭祀権を付与したのかが依然として謎のままに残されるであろう。それに対する答えは次章以下で追々に明らかにしようと思うが、欽明大王からみて稲目という人物は特別な存在であった、すなわち王権に代わって異国伝来の蕃神の拝祭を託すにふさわしい人物であったと推測することができるのではないだろうか。

第三章　蘇我氏の本拠地

Ⅰ　本拠地の謎

蘇我氏の本拠地（本貫）の問題に関しては従来いくつかの説が出されてきているが、周知のように未だに定説とされるものがない状態にある。諸他の氏族と違い史料的にきわめて恵まれた状況にあるにもかかわらず、蘇我氏の本拠地がなお明確になっていないのは、筆者の考えではこれまでの研究者が根本的な点で史料の解釈を誤ってきたことによるものとみている。とりわけ、蘇我氏を通常の在地豪族とみなしてきたことが本質的な誤解の原因になっているのではないかと考える。

蘇我氏は臣姓を名乗る豪族であったから、蘇我という氏名は蘇我氏にもっとも所縁のある地名であり、現に曽我・宗我・蘇我などの語で表記された地名が大和国高市郡（橿原市曽我町）にあり、そこが蘇我氏の発祥地であると素朴に想定されてきたきらいがあるのである。すでに周知のごとく『延喜式』神名帳の高市郡の項には、

宗我坐宗我都比古神社二座　並大。月次新嘗。

とあって、橿原市曽我町の曽我川右岸微高地上に宗我の地名を称する神社が鎮座しており、蘇我氏の本

拠地は「宗我」と呼ばれた当地であるとする本居宣長以来の一般的・常識的な見方を支えている。『紀氏家牒』にもこれを証するような次の伝記がみえている。

家牒曰、蘇我石河宿祢家、大倭国高市県蘇我里。故名云蘇我石河宿祢。

蘇我氏の始祖とされる石河宿祢の家が高市県の蘇我里にあったと言うのであるが、この伝記は第一章で引用した『三代実録』元慶元年十二月二十七日条の文意と明確に齟齬しており、石河宿祢は「河内国石川別業」に生まれ「故に石川を以て名と為し」とする主張とは相容れない。おそらく家牒の伝記に誤りがあるものと考えてよい。

黛弘道は『万葉集』にみえる次の短歌の枕詞の意義を解析し、蘇我の由来は湿地に生える菅（スガ・スゲ）であり、菅の名義をも検討してそれが宮廷祭祀や儀礼などに用いられ、神聖と浄化の呪力を発揮する器物の素材とされた事実を明らかにした。

真菅よし　宗我の河原に　鳴く千鳥　間無しわが背子　わが恋ふらくは

（『万葉集』巻十二―三〇八七）

宗我・曽我の地名は植物の菅（スガ・スゲ）に因む地名であること、祓具や祭祀の際に薦の素材などとして用いられた菅は清浄・神聖という属性を有し、器物を浄化するという呪術的な力をも持つと信じられていたとされる。菅は流れの緩やかな低湿地ならどこにでも生える植物であるが、右の歌にみられるように曽我川の河原にはとくにその群落が広がり繁茂していたことを想像することができる。それが宗我・蘇我の地名の起こりなのであろうというのである。

黛説に教えられながら、私は蘇我の氏名の起こりは実のところ地名の蘇我ではなく、むしろ反対に地名の由来となった菅であるとみるべきであると考える。蘇我氏は在地豪族であるからその氏名は地名に起源を持つとするのが従来の考え方であるが、黛説に強調されているように、菅に象徴される清浄・潔白・神聖というような属性を帯びた氏としての蘇我氏の成立を想定すべきであり、氏名を授与した王権も菅が帯びているそのような呪術性に期待したのであると考えられるのである。推古二十年正月に行われた宮中での饗宴で、大臣蘇我馬子の寿歌に和した女帝の歌は次のような内容になっている。

真蘇我よ　蘇我の子らは　馬ならば　日向の駒　大刀ならば　呉の真刀　諾しかも　蘇我の子らを
大君の　使はすらしき

（『日本書紀』推古二十年正月条）

「蘇我の子ら」に係る「真蘇我よ」は立派な蘇我とか優れた蘇我という意味合いで、万葉歌の枕詞「ま菅よ」に込められた称賛の辞と通底する。

私見では曽我の地は『日本書紀』舒明即位前紀にみえる「蘇我田家」の所在地と推定され、いわば蘇我系諸氏族全体に属する氏族共同体の田荘の所在地とみなしてよく、蘇我氏の本拠地であったとは想定できないのである。なぜならば、祭神が宗我都比古・宗我都比売という蘇我系諸氏族が奉祀した菅にまつわる夫婦神とみられることも参考になり、また同じ高市郡の項に出る許世都比古命神社（明日香村越に鎮座）が巨勢氏の氏族神でありながら、同氏の本拠地と目される葛上郡巨勢郷（御所市古瀬）とはかなり離れていることもここで想起される。つまり、蘇我氏も巨勢氏も田荘の所在地にその土地の占有と開発・経営に関わる氏祖神を鎮座させているのであって、そこは彼らの発祥地でも本拠地でもなかったのである。

蘇我氏とほぼ同時に姿を現した氏族に阿倍氏がある。志田諄一は阿倍の語義は饗（アヘ）であると考定している。宮廷における祭政両分野の饗宴に奉仕した阿倍氏の職務を表現したものである。阿倍氏も臣姓であるにもかかわらず地名を氏称とはしていないのである。蘇我と阿倍の氏名の由来はそれぞれ個別の特色を有しているが、いずれも地名ではないという点で共通していると言えるのである。

百済系渡来人木（茘）満致を蘇我氏の始祖であるとみなす門脇禎二の説でさえ、蘇我がこの氏の定着地・本拠地であり、後に飛鳥地域へ移動したと解釈している。ほとんどの研究者は蘇我氏がどこか別の土地からいったん高市郡曽我の地に入って勢力を増し、稲目の頃に飛鳥方面へ移動・定着したとの想定を是としているのであるが、そのような説は史料の読み方がきわめて皮相的で誤りがあるというのが筆者の主張するところである。従来の諸説とはまったく異なる見方を以下に提案してみたい。

Ⅱ　蘇我稲目の本宅

従来説の誤りは基本的に蘇我氏関連の史料を素直に読み込んでいない点にあると思われる。蘇我氏の居住地についてはその居宅や関連施設がどこに置かれていたのかを詳しく探ることから始めなければならないと考える。これまでの通説によれば、先ほど述べたように蘇我氏は最終的に別の地域から飛鳥周辺地域へ本拠地を移動させたとみる見方が一般であるが、筆者は飛鳥西方の軽地域、すなわち畝傍山東南麓の軽から甘樫丘にかけての山田道の沿道地域が蘇我氏の発祥地であり、稲目自身のみならずその先祖は古くか

甘樫岡から飛鳥集落をのぞむ
(1969 年 5 月撮影)

ありし日の山田道。遠くに雷丘がみえる
(1970 年 9 月撮影)

らとりわけ軽地域を拠点とし居住していた可能性が高いと推測する。

そこで書紀を中心としていくつかの史料によりながら課題を解決していこうと思うが、まず仏教伝来に関する文章から始めることにしよう。

A百済の聖明王、更の名は聖王。西部姫氏達率怒唎斯致契等を遣して、釈迦仏の金銅像一躯・幡蓋若干・経論若干巻を献る。…（中略）…乃ち群臣に歴問ひて曰はく、「西蕃の献れる仏の相貌端厳し。全ら未だ曾て有ず。礼ふべきや不や」とのたまふ。蘇我大臣稲目宿祢奏して曰さく、「西蕃の諸国、一に皆礼ふ。豊秋日本、豈独り背かむや」とまうす。物部大連尾輿・中臣連鎌子、同じく奏して曰さく、「我が国家の、天下に王とましますは、恒に天地社稷の百八十神を以て、春夏秋冬、祭拝りたまふことを事とす。方に今改めて蕃神を拜みたまはば、恐るらくは国神の怒を致したまはむ」とまうす。天皇曰はく、「情願ふ人稲目宿祢に付けて、試に礼ひ拝ましむべし」とのたまふ。大臣、跪きて受けたまはりて忻悦ぶ。小墾田の家に安置せまつる。懃に、世を出づる業を修めて因とす。向原の家を浄め捨ひて寺とす。

（『日本書紀』欽明十三年十月条）

百済の聖明王が伝えた仏教をめぐる既掲の記事であるが、天皇は仏像・幡蓋・経論を蘇我大臣稲目に授けることにし、稲目は「小墾田の家」にそれらを安置し、さらに「向原の家」を寺としたと伝えている。伝記のこの部分は書紀編者の造作ではなく何らかの史料が遺存していたと思われる。

「小墾田」あるいは「小治田」という地名は飛鳥の北を東西に走る山田道の北側、飛鳥川右岸の雷丘東

豊浦寺の塔心礎

麓付近一帯の地名であり、推古天皇の「小墾田宮」は蘇我稲目の「小墾田の家」の址に造営された宮室と考えてよい。近年、雷丘東方遺跡の井戸址で奈良時代後半期とみられる墨書土器が複数出土し、「小治田宮」と記されていた。天武朝の小墾田兵庫や推古朝の王宮はまだ発見されていないが、この付近に埋もれている公算が高い。

書紀の安閑元年十月条には「小墾田屯倉と国毎の田部とを以て、紗手媛に貺給はむ」とあって、安閑朝にはすでに整備された屯倉が存在したかのように記されているのだが、この屯倉の前身は允恭大王の時期に設定された王家の小規模な所領や蘇我稲目の先祖が開発した田荘を起源とするもので、小治田連・小治田臣・尾張連らの諸氏族が屯倉を運営するようになるのは欽明朝以後のこととみてよく、それには大臣稲目の政治的関与があったものと推定できる。

また「向原」は甘樫丘の北麓で飛鳥川左岸に当たる明日香村豊浦の地を指し、「向原の家」は推古天皇の初発の宮室「豊浦宮」の前身とみなしてよく、稲目のこれらの家宅は「墾田」とか「原」という語を含むところからも、小規模な開発にともなう蘇我氏の田荘・別業の所在地であったと推測できる。したがってこれらの「家」は稲目の本宅ではなかったと考えられ、稲目の世俗の生活や政務に関わる本宅は別の場所にあり、仏像・経典を安置するために「浄め捨ひて」とされる「寺」とは異質な空間とみなすべきであろう。

因みに向原の家が蘇我氏の古い本拠地となっていたことについては、後述する允恭大王の時に行われた甘樫岡での盟神探湯（クガタチ）と関係がありそうで、蘇我氏の先祖はその聖地を代々領有し管理してきた由来を持つのではなかろうか。因みにクガタチの聖地とされる甘樫神社は現在向原寺の裏手に鎮座しているが、本来は文字通り甘樫岡の先端部付近に所在したと考えてよい。

B天皇、大将軍大伴連狭手彦を遣して、兵数万を領て、高麗を伐たしむ。狭手彦、乃ち百済の計を用て、高麗を打ち破りつ。其の王、牆を踰えて逃ぐ。狭手彦、遂に勝に乗りて宮に入りて、盡に珍宝財賂・七織帳・鐵屋を得て還来り。七織帳を以て、天皇に奉献る。甲二領・金飾の刀二口・銅鏤鍾三口・五色の幡二竿・美女媛并て其の従女吾田子を以て、蘇我稲目宿祢大臣に送る。是に、大臣、遂に二の女を納れて、妻として、軽の曲殿に居らしむ。鐵屋は長安寺に在り。是の寺、何の国に在りといふことを知らず。一本に云はく、十一年に、大伴狭手彦連、百済国と共に、高麗の王陽香を比津留都に駆ひ却くといふ。

（『日本書紀』欽明廿三年八月）

稲目の本宅は右の文章中にみえる「軽の曲殿」とみなしてよいだろう。将軍大伴狭手彦が戦利品として半島から連れて来た「美女媛并て其の従女吾田子」を大臣稲目は妻としてこの邸宅に居住させたとある。

蘇我大臣家の邸宅の中で「軽の曲殿」だけが特別に「殿」と記されている。「殿」は通常は貴人の住まいというほどの意味の語で、大臣の邸宅をそのように表現した可能性もあるが、それ以外の邸宅はすべて「家」「宅」と記していることからも、「軽の曲殿」は稲目の居宅の中でも特殊な性格と歴史的由来を帯びたものであったと考えられる。おそらく「殿」の表記は原史料の記述がそのまま遺存したものとみてよいのではなかろうか。

なぜなら、「皇御孫の命の天の御翳・日の御翳と、造り仕へまつれる瑞の御殿、古語に阿良可と云ふ」（大殿祭祝詞）との註記があり、また「瑞殿」を「古語に、美豆能美阿良可といふ」とし、また「古語に、正殿は麁香と謂ふ」（『古語拾遺』）とあるように、皇御孫命や神の宮殿のことを「アラカ」と呼ぶ慣わしがあったことからすると、右の記述は稲目の居宅を「殿」と称するに相応しい内容のものであったからそう呼んだ蓋然性があると思われるのである。すなわち、「軽の曲殿」は稲目の先祖伝来の居宅であって、代々この居宅に住んでいたのは「殿」と呼ばれるにふさわしい身分の者であったのではなかろうか。

向原寺境内に保管されている飛鳥時代初期の石敷。写真左上の円形は建物の柱穴

興味深いのは、馬子の代になるとこの邸宅は明確にも「家」と呼ばれていることである。

C馬子大臣、乃ち土師八嶋連を大伴毗羅夫連の所に使して、具に大連の語を述べしむ。是に由りて、毗羅夫連、手に弓箭、皮楯を執りて、槻曲の家に就きて、晝夜離らず、大臣を守護る。槻曲の家は、大臣の家なり。

（『日本書紀』用明二年四月条）

この文章にみえる「槻曲の家」については、おそらく「軽の槻曲の家」というふうに解釈して大過ないものと考える。「軽の曲殿」と呼ばれた居宅にはすこぶる特徴のある槻の大木が生えていたのではないかと想像されるのである。馬子は父親から受け継いだこの居宅を物部大連の不穏な動静を察知して守ろうとしているので、おそらくこの家が彼の本宅であったのだろう。問題は「殿」をここでは「家」と表記していることであるが、書紀編者は稲目や馬子は臣下の身分であったので「家」と記したのであろう。

D百済より来る鹿深臣、名字を闕せり。弥勒の石像一躯有てり。佐伯連、名字を闕せり。仏像一躯有てり。

（『日本書紀』敏達十三年九月条）

是歳、蘇我馬子宿祢、其の仏像二躯を請せて、乃ち鞍部村主司馬達等・池辺直氷田を遣して、四方に使して、修行者を訪ひ覓めしむ。是に、唯播磨国にして、僧還俗の者を得。名は高麗の恵便といふ。大臣、乃ち以て師にす。司馬達等の女嶋を度せしむ。善信尼と曰ふ。年十一歳。又、善信尼の弟子二人を度せしむ。其の一は、漢人夜菩が女豊女、名を禅蔵尼と曰ふ。其の二は、錦織壺が女石女、名を恵善尼と曰ふ。馬子独り仏法に依りて、三の尼を崇ち敬ぶ。乃ち三の尼を以て、氷田直と達等とに付けて、衣食を供らしむ。仏殿を宅の東の方に経営りて、弥勒の石像を安置せまつる。三の尼を屈請せ、大会の設斎す。此の時に、達等、仏の舎利を斎食の上に得たり。即ち舎利を以て、馬子宿祢に献る。馬子宿祢、試に舎利を以て、鉄の質の中に置きて、鉄の鎚を振ひて打つ。其の質と鎚と、悉に摧け壊れぬ。而れども舎利をば摧き毀らず。又、舎利を水に投る。舎利、心の所願の随に、水に浮び沈む。是に由りて、馬子宿祢・池辺氷田・司馬達等、仏法を深信けて、修行すること懈らず。馬子宿祢、亦、石川の宅にして、仏殿を修治る。仏法の初、茲より作れり。

（『日本書紀』敏達十三年是歳）

百済帰りの鹿深臣・佐伯連らはそれぞれ仏像を所持していた。馬子はさっそく彼らに依頼してそれらの仏像を手に入れ、司馬達等・池辺氷田を使として仏法を行うための修行者を探し求め、三人の尼（善信尼・禅蔵尼・恵善尼）を見出すことになった。そして「仏殿を宅の東の方に経営りて、弥勒の石像を安置せまつる」とあるように、ここでは弥勒像を安置するための特別の仏殿を「宅」の東方に造営したと記している。ここの「宅」とは「軽の槻曲の家」と解して誤りがないだろう。すなわち馬子は父稲目から継承した宅の東に仏殿を造営したのであり、弥勒仏をおさめたこの仏殿は軽にあったと考えてよかろう。そして、それとは別に本文の末尾に「馬子宿祢、亦、石川の宅にして、仏殿を修治る」とあるのは佐伯連がもたらした仏像に関わる伝記と考えられ、「石川の宅」とあるように軽の本宅とは別に構えられていた家宅であったらしい。

「石川の宅」の仏殿については、河内国石川郡の龍泉寺のことであるとみなす説もあるが、飛鳥寺がまだ造営されていない時期に大和から遠く離れた河内の石川郡にそのような孤立した施設を造ったとするのは考え難いことであり、河内の「石川の宅」を馬子の家宅であるとするのも疑問であり、「石川」の地名は橿原市石川町に相当するものと考えられ、大臣蝦夷の時期に蓮の瑞がしばしば記載された剣池（応神紀十一年条）の付近に所在した宅とみられる。

このように右のDの文章を解釈することができるとすると、次の伝記もわかりやすくなる。

E蘇我大臣馬子宿祢、塔を大野丘の北に起てて、大会の設斎す。即ち達等が前に獲たる舎利を以て、塔の柱頭に蔵む。

（『日本書紀』敏達十四年二月条）

大臣、乙巳年二月十五日、止由良佐岐に刹柱を立て、大会を作す。

（『元興寺伽藍縁起并流記資財帳』）

ここに言う塔あるいは刹柱がどのようなものかは明確ではないが、柱頭に舎利を収めたとあることから、巨大な柱を塔に見立てたような建築物（刹柱塔）ではないかと推測される。書紀の推古二十八年十月条に、欽明天皇の檜隈陵の整備に際して氏族らが競って陵域外の土山の上に大柱を建てたとする記事があるので、それと類似の巨大な柱を想定することができる。それはともかくとして、書紀はこの塔は「大野丘」の北に建てられたとし、縁起の方は止由良佐岐（豊浦ノ崎）と伝えているので、いずれかの伝承に誤りがあるようにも思われるが、いずれにしても山田道の南側に広がる丘陵の北麓辺に建てられたとみなすべきであろう。

ところで、『古事記』推古段には「御陵は大野の岡の上に在りしを、後に科長の大き陵に遷しき」とあり、また書紀の推古三十六年九月条に載せる天皇の遺詔に、「比年、五穀登らず。百姓大きに飢う。其れ朕が為に陵を興てて厚く葬ること勿。便に竹田皇子の陵に葬るべし」と記し、遺言通り天皇の遺骸は大野の岡にすでに存在していた竹田皇子陵に合葬されていたのを、後に河内科長山田陵に移葬されたことがわかる。近年、橿原市五条野町の丘陵上で巨大な長方形墳の植山古墳が発掘調査され、本墳が推古天皇・竹田皇子の最初の「大野岡陵」の遺跡であることが判明した。そうすると、書紀の「大野丘」は軽や石川の東南方至近の距離に広がりをみせる丘陵地帯であったと言えるであろう。蘇我氏に所縁のある貴人の陵墓が軽に隣接する大野丘付近に造営されているのは、蘇我氏の本拠地が当地に所在したことを暗示する現象であろう。

F大臣薨せぬ。仍りて桃原墓に葬る。大臣は稲目宿祢の子なり。性、武略有りて、亦弁才有り。以て三宝を恭み敬ひて、飛鳥河の傍に家せり。乃ち庭の中に小なる池を開れり。仍りて小なる嶋を池の中に興く。故、時の人、嶋大臣と曰ふ。

（『日本書紀』推古三十四年五月条）

馬子が葬られた桃原墓は飛鳥の石舞台古墳とされている。この古墳の傍らに構作された家が推古朝の時期の馬子の本宅であったらしい。この家には地形を巧みに利用した庭園が造られており、池の中に築かれていた小嶋に因んで馬子を「嶋大臣」と呼んだという。おそらく馬子は五八七年に物部大連守屋の一族を滅ぼしたことを契機として軽から嶋の地域に移住し、軽の本宅は子息の蝦夷に所有させたのではなかろうか。遠山美都男が強調しているように、真神原に壮麗な規模の飛鳥寺を造営するとともに、飛鳥を将来の王都の地として本格的な開発を行う拠点とするための布石であったと考えられる。

Ⅲ　軽の地の特質

このように、大臣稲目の本宅が軽に所在したことを筆者はとりわけ重視するのであるが、この軽という地は歴史的に次のような点で看過できない特色を帯びた土地である。

第一に、「軽の諸越の衢」（『日本霊異記』上巻第一）・「軽の術」（『日本書紀』推古二十年二月条）・「軽市」（『日本書紀』天武十年十月是月条）・「軽の市」（『万葉集』巻二―二〇七）などの史料からも明らかなように、ここは幹線交通路の交差する交通上の要衝であり、奈良盆地中央部を南北方向に縦走する下つ道と盆地南部を東西に横断する山田道との交点が「軽の衢」であった。このような幹線交通路の要衝には古くから市が形成されたが、「軽市」は衢の街路を中心にシンボルツリーとしての槻の並木が作られていたようで、木の根元の部分が物々交換の場所とされ、また歌垣や相撲・道占などの神事・呪術的行為がその路面部分で盛んに行われたようである。

とりわけ、右に挙示した史料のうち『日本書紀』推古二十年二月条についてはすでに第一章でも引用した重要な記事であるが、蘇我馬子が主催した特殊な行事であるので煩雑ではあるが再び引用してみることにしたい。

G皇太夫人堅塩媛を檜隈大陵に改め葬る。是の日に、軽の術に誄る。第一に、阿倍内臣鳥、天皇の命を誄る。則ち霊に奠く。明器・明衣の類、萬五千種なり。第二に、諸皇子等、次第を以て各誄す。第三に、中臣宮地連烏摩侶、大臣の辞を誄る。第四に、大臣、八腹臣等を引き率て、便ち境部臣摩理勢を以て、氏姓の本を誄さしむ。時の人の云はく、「摩理勢・烏摩侶、二の人、能く誄す。唯鳥臣のみは誄すこと能はず」といふ。

檜隈大陵は欽明天皇の陵墓を指す。欽明の妃のひとりであった堅塩媛（蘇我稲目の娘・推古天皇の生母）の遺骸を別の場所から天皇陵に合葬し、その身分上の地位を格上げするとともに、盛大な誄の儀礼を通じて蘇我氏一族の王統譜に対する系譜上の関係を確認し、それを世上に周知させる狙いを帯びた儀礼であったと考えられる。檜隈大陵が現在の見瀬丸山古墳（橿原市見瀬町）なのか、あるいは宮内庁が欽明天皇陵に治定している梅山古墳（明日香村下平田）なのかは未だ明確にはなっておらず、近年丸山古墳を稲目の墓と推考する論者も現れてきており、もしその説が妥当であるならば蘇我氏の本拠地はますます軽地域に所在したことを明確にするものと言え、なお予断を許さない情勢にあるが、これらの古墳は「軽の術」の南方至近の距離にあり、欽明陵の造営そのものが蘇我氏の計画と主導によって行われたことを推測させる。

それはともかく、大臣馬子が主催したこの誄儀礼は殯宮ではなく露天の「軽の術」が舞台として選ばれ、「時人」の批評が付記されているように衆人監視の下に開催された点に特殊な性格を認めることができる。古代の衢は言霊が強力に支配する呪術的世界であり、また現世と他界とをつなぐ通路とも認識されていた空間であった。誄の儀礼は深夜に行われ、冥界の天皇と妃の霊に対してあるべき系譜的秩序が述べられるという形で執行された。また、「軽の術」の路面には「明器・明衣の類・萬五千種」が整然と並べられ、蘇我氏の財力と権勢を誇示したが、これらの物品は儀礼終了後には参会者らに分け与えられたのではなかろうか。そこが「市」であったことを想起すべきであろう。

馬子が「軽の術」を儀礼執行の場に選んだことの背景には、この地が蘇我一族発祥の地・蘇我の先祖代々の聖地であるとする認識があり、そこへ参加者の意識を集中させ蘇我氏の出自と由来を明らかにすることによって一族の団結を図り、「時人」にもそのことを周知させようとしたのであろう。従来にない特異な儀礼となった理由をそのように考えたい。

H又盡に国挙る民、并て百八十部曲を発して、預め雙墓を今来に造る。一つをば大陵と曰ふ。大臣の墓とす。一つをば小陵と曰ふ。入鹿臣の墓とす。望はくは死りて後に、人を労らしむること勿。更に悉に上宮の乳部の民を聚めて 乳部、此を美父といふ。 塋兆所に役使ふ。是に、上宮大娘姫王、発憤りて歎きて曰はく、「蘇我臣、専国の政を擅にして、多に行無礼す。天に二つの日無く、国に二つの王無し。何に由りてか意の任に悉に封せる民を役ふ」といふ。茲より恨を結びて、遂に倶に亡されぬ。

（『日本書紀』皇極元年是歳条）

右に掲げたのは蘇我大臣家の専権・無礼な振る舞いを象徴すると評価されてきた記事のひとつである。大臣蝦夷と入鹿の父子は生前中から恣意的に人民を徴発して自分らの墓を造営したというもので、墓は今来に雙墓という並列した形態で造られ、蝦夷の墓は「大陵」・入鹿のは「小陵」と呼ばれたとする。問題はこの雙墓が所在した場所であるが、私見は梅山古墳（前方後円墳）と平田岩屋古墳（方墳）を比定するもので、小澤毅は橿原市五条野町の宮ヶ原一号墳（方墳）・二号墳（方墳）を擬定している。小澤説はさらに見瀬丸山古墳を蘇我稲目の墳墓と解して説得力に富むが、いずれにせよ、蝦夷・入鹿の墓が軽の南方付近に造営されたことは誤りではなく、それは蘇我氏の祖先以来の土地が軽地域に所在したことを鮮明にするものであろう。

軽の地の第二の特色は、そこがヤマト王権の比較的早い時期から政治的にきわめて重要な機能を持った地域であったと考えられることである。信憑性には乏しいが、軽をめぐっては次のような王宮伝承があることにまず注意される。

・懿徳天皇……軽之境岡宮（記）　軽曲峡宮（紀）
・孝元天皇……軽之堺原宮（記）　軽境原宮（紀）
・応神天皇……軽嶋之明宮（記）　明宮（紀）　軽島豊阿岐羅宮（風土記）

これらの天皇は実在性に欠けるので宮号も一応は虚構と言うべきであり、おそらく当地の地名を利用して宮室伝承を案出したものと考えられる。境岡・堺原・境原などは檜隈と軽を区分する坂合（坂道の合流点）に基づく地名であり、欽明天皇の「檜隈坂合陵」や允恭天皇の子「境之黒日子王（坂合黒彦皇子）」、その従者の「坂合部連贄宿祢」、蘇我氏同族の「境部臣」などに関係する地名で、分岐する傾斜路に沿う形で規模の大きい集落が形成されていたのではなかろうか。馬の飼育と関係する施設である「軽坂上厩」（応神紀十四年条）というのも坂道の存在を示唆しており、軽の周辺地域が丘陵地帯であることと無関係ではないと思われる。

「軽曲峡」の宮号は稲目の「軽の曲殿＝槻曲の家」を想起させるもので、後者の名に基づいて案出され

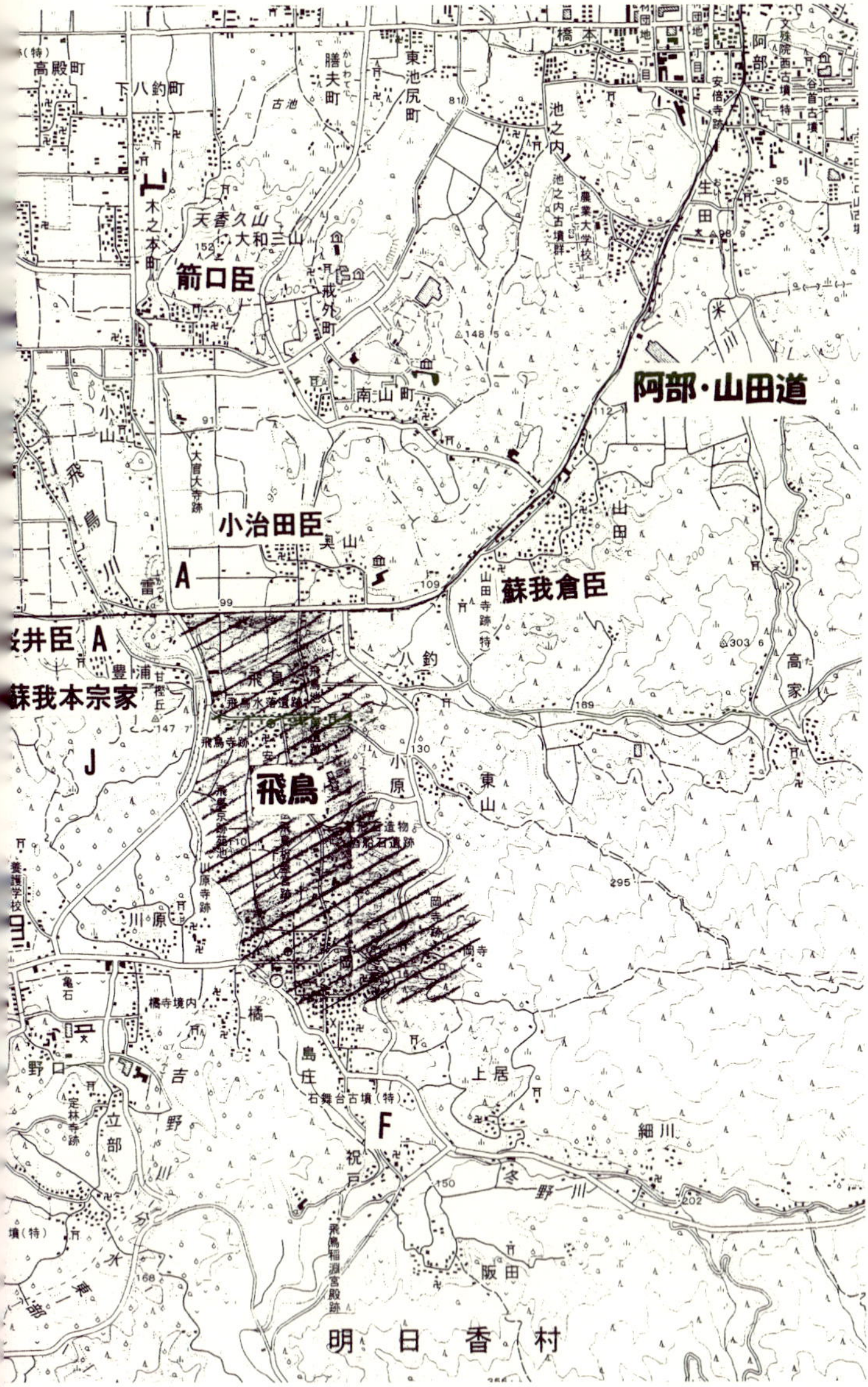
阿部・山田道
蘇我倉臣
小治田臣
箭口臣
飛鳥
蘇我本宗家
A
A
J
F
明日香村
天香久山
大和三山
南山町
東池尻町
膳夫町
高殿町
八釣町
木之本町
戒外町
池之内
農業大学校
池之内古墳群
安倍寺跡
阿部
橋本
山田寺跡（特）
山田
奥山
雷
飛鳥川
小山
大官大寺跡
豊浦
甘樫丘
飛鳥寺跡
飛鳥水落遺跡
小原
東山
八釣
高家
川原寺跡
川原
岡寺跡
岡寺
橘寺境内
橘
島庄
石舞台古墳（特）
上居
細川
冬野川
祝戸
阪田
飛鳥稲淵宮殿跡
亀石
野口
定林寺跡
立部
吉野川
養護学校

地図中のＡ～Ｍは本文中に
引用した史料に対応する

た宮号かも知れない。「軽嶋」は軽の地に造営された園池と関係があるように推定できるが、当地には「軽之酒折池」（崇神記）・「軽池」（応神紀十一年条）の伝承のごとく古く開掘された王家所有の池があり、磐余の市師池とともに「軽池」が王族の舟を浮かべての宴遊の舞台とされたのは、時期は別にしても事実とみてよいであろう（垂仁記）。また雄略朝には筑紫の水間君が献上した鵝と養鳥人とを「軽村・磐余村」に安置したとするように、両所には王家の苑池があったことは確実である。ということは、軽池は灌漑用の溜池として造営されたものではなく天皇や貴族の宴遊に使用されたもので、池には林泉のある嶋や池畔の建物群が備えられている景観を想定することもでき、当地にはある時期に王宮が設置された可能性が高いのではなかろうか。そうすると、王族などの居宅が当地に造られたこともあながち虚偽とは言えないだろう。

今試みに軽およびその近辺の地域に居所を定めたと伝承されている王族の名を列記すると、狭穂姫（来目高宮・垂仁紀）、木梨之軽王（允恭記・紀）、境之黒日子王（允恭記紀・安康記紀）、軽大郎女（允恭記紀）・弘計天皇（来目稚子・顕宗即位前紀）、億計天皇（嶋稚子・顕宗即位前紀）など一様に五世紀代の伝承を帯びるという特徴がある。これらのすべてが無稽の所伝ではないとすると、やはり軽を中心とした地域はヤマト王権にとって古くから政治的中枢の一つであったことが推察されてくるのであり、この地域で蘇我氏が発祥したとする想定はあながち誤りとは言えないのではなかろうか。

第三に、一応時期を無視した上で、試みに軽付近と甘樫丘周辺とを結ぶ山田道の路線上に蘇我大臣家の家宅と蘇我氏の同系諸氏族の居住地、仏殿と寺院に関する伝承上の施設の所在地を置いてみると、それらの分布は前図のようになる。これに蝦夷・入鹿の時期の邸宅の所在地に関する次の伝記を加えてみることにしよう。

I蘇我大臣、畝傍の家にして、百済の翹岐等を喚ぶ。親ら対ひて語話す。仍りて良馬一匹・鐵二十鋌を賜ふ。唯し塞上をのみ喚ばず。

（『日本書紀』皇極元年四月条）

J蘇我大臣蝦夷・児入鹿臣、家を甘樫岡に雙べ起つ。大臣の家を呼びて、上の宮門と曰ふ。入鹿が家をば、谷の宮門と曰ふ。男女を呼びて王子と曰ふ。家の外に城柵を作り、門の傍に兵庫を作る。門毎に、水盛るる舟一つ、木鉤数十を置きて、火の災に備ふ。恒に力人をして兵を持ちて家を守らしむ。大臣、長直をして、大丹穂山に、桙削寺を造らしむ。更家を畝傍山の東に起つ。池を穿りて城とせり。庫を起てて箭を儲む。恒に五十の兵士を将て、身に繞らして出入す。健人を名づけて、東方の儐従者と曰ふ。氏氏の人等、入りて其の門に侍り。名づけて祖子孺者と曰ふ。漢直等、全ら二つの門に侍り。

（『日本書紀』皇極三年十一月条）

蝦夷は豊浦大臣という通称を持っているように甘樫岡の北麓付近の豊浦を根拠地にしていたが、他方では畝傍山の東麓にも「畝傍の家」と呼ばれた居宅を構え、宮殿・城塞風の建築物に仕立てていた。こうした蝦夷の動向は祖父稲目以来の基盤を継承しているものとみられ、入鹿の本宅が不明ではあるが、蘇我氏の本拠地を推定する上で重要な史料と言えるだろう。

以上を基礎として綿密に観察すると大臣家の居宅だけではなく大部分の同系氏族の居地が当該路線上に

近接して点在していることがわかり、また、第一章で詳しく述べたように蘇我氏の同族は稲目または馬子の時代に盛んに本宗家から分岐し、推古朝前後の時期に「八腹臣」の全容が整ったことを知ることができる。なぜ蘇我の同系諸氏の分布がこのような様相を呈しているのかと言うと、蘇我氏の淵源を成す祖先の居地がこの地域にあったからではなかろうか。つまり蘇我氏の先祖はどこか別の地域から軽に移住・移動してきたのではなく、もともとこの地域に本拠地があり、政治的に権勢が拡大し始めた稲目以降の時期に近接地域へ同族の居地を分散配置しつつ勢力圏を拡大していったのではなかろうか。

Ⅳ　葛城県と蘇我氏

葛城地方を蘇我氏の本拠地と解する有力な説がある。その主な論拠のひとつとみられている史料をまず引用してみよう。

K大臣、阿曇連　名を闕せり。阿倍臣摩侶、二の臣を遣して、天皇に奏さしめて曰さく、「葛城縣は、元臣が本居なり。故、其の縣に因りて姓名を為せり。是を以て、冀はくは、常に其の縣を得りて、臣が封縣とせむと欲ふ」とまうす。是に、天皇、詔して曰はく、「今朕は蘇何より出でたり。大臣は亦朕が舅たり。故、大臣の言をば、夜に言さば夜も明さず、日に言さば日も晩さず、何の辞をか用ゐざらむ。然るに今朕が世にして、頓に是の縣を失ひてば、後の君の曰はまく、『愚に癡しき婦人、天下に臨みて頓に其の縣を亡せり』とのたまはむ。豈独り朕不賢のみならむや。大臣も不忠くなりなむ。是後の葉の悪しき名ならむ」とのたまひて、聴したまはず。

（『日本書紀』推古三十二年十月条）

大臣馬子は唐突にも晩年になってから「葛城縣」を賜りたいと天皇に要求したのである。葛城県というのは律令制の時代の葛上・葛下・忍海の三郡からなる広大な領域全体のことではなく、雄略朝に天皇と対立して滅亡した葛城都夫良意富美（円大使主）の領地に由来する土地を含むもので、雄略記には「五處之屯宅（五村屯宅）」と記し、書紀には「葛城宅七区」とあって食い違いがあるが、いずれにせよ葛城地方でもっとも有力な権勢を誇っていた首長の複数の家宅を中心とした経営地を、謀反の罪により王家が収公したものを「葛城縣」と称したもので、雄略朝以後はいわゆる「倭国の六県」（高市・葛木・十市・志貴・山辺・曾布）のひとつとして順調に王権の支配が貫徹していたと推測することができる。馬子はその王領を下賜して欲しいと願い出たのである。

大臣馬子の論拠は二段構えになっており、まず葛城県は「臣が本居なり」と言い、「本居」を書紀の訓読に基づいて「産土（ウブスナ）」の意味に解釈することができるならば、馬子の生まれ故郷が葛城であった、換言するならば馬子の生母が葛城の出身者であったということになるだろう。山尾幸久がこの考え方を強調しており、私も稲目の正妻が葛城地方出身の女性であった可能性は高いと思う。しかしながら、馬子の産土が葛城であると言うだけでは蘇我氏の本拠地そのものが直ちに葛城であったということにはならないであろう。なぜならば、馬子の父稲目の生地がどこであるのかが判明しておらず、稲目の生地は軽であったかも知れないからであり、さらに稲目の先祖の住地が葛城であったことを明らかにする必要があったと思われる。しかるに、馬子の言辞の中にはそうしたことへの言及はないのである。

そこで馬子は第二の論拠を持ち出して天皇を説得しようとしている。すなわち「故、其の縣に因りて姓名を為せり」とあって、自分の「姓名」は葛城県に因んでいると称しているのである。ここに言う「姓名」は蘇我のことと解してよいだろう。なぜならば天皇の応詔の中に「今朕は蘇何より出でたり」とする文言があり、馬子は事実上推古天皇の「舅」であって天皇の母系は明確に蘇我氏なのである。ところが馬子が持ちだした論拠は「臣が本居なり」という第一の論拠と密接に結びついており、「姓名」の蘇我はどうみても葛城県とは無関係なのであり、馬子の主張は矛盾しており強弁であるとしか言いようがない代物なのである。これでは縁戚関係にある天皇といえども馬子の要求を認めるわけにはいかず、一蹴されてしまったのである。

しかるに、右の「姓名」の問題について次のような論議が古くからある。『上宮聖徳法王帝説』に「太子起七寺」として伝承・挙示された寺院のひとつに葛木寺（妙安寺・尼寺）が記載されており、山城の蜂丘寺と並んでわざわざ註記に「賜葛木臣」と記している。

L太子起七寺、四天皇寺・法隆寺・中宮寺・橘寺・蜂丘寺 并彼宮賜川勝秦公 池後寺・葛木寺 賜葛木臣

この葛木臣というのは『聖徳太子伝暦』には「賜蘇我葛木臣」と記されているので、蘇我氏の一族に葛木を名乗り葛城地方と関係した氏族がおり、その一族の氏寺をこのように称したとするもので、蘇我葛木臣とは本宗家の馬子のことではないかと想定するのである。すなわち蘇我本宗家はもともと蘇我葛城臣を名乗る勢力であった蓋然性が高いというわけである。そうすると、馬子の右の主張には俄然説得力が生まれてくるのであって、推古女帝が「朕は蘇何より出でたり」と述べたのは「蘇何の葛城」が意識されてい

たということになるだろう。しかし、「葛木臣」の冠称にさらに「蘇我」を付加したのは伝暦筆者の余計な想像によるものであるという懸念を拭うことができない。

帝説の註記にある「葛木臣」については次のような考え方もあり得る。すなわち往古の葛城氏の末裔で蘇我氏や上宮王家と親縁な関係を持っていた人物またはその一族で、史上では葛城臣烏那羅が挙げられるだろう。烏那羅は丁未戦争で馬子の配下に将軍として活躍し、崇峻四年には新羅征討軍の大将軍となって筑紫に駐屯した。また丙辰年（推古四年）に法王大王（厩戸皇子）・恵慈法師に随従して伊予温湯に逍遥したとも伝えている（『釈日本紀』所引伊予国風土記逸文）。蘇我氏ときわめて密着した動きを示していることは、葛木寺が葛城臣の手で創建された寺院であることを示唆するものであり、「葛木臣」を烏那羅の一族と解することができる。葛城寺は奈良時代には平城外京の地に再建されたので、烏那羅の子孫が法灯を維持したのだと推定できるだろう。

ところで、葛木寺の所在地に関しては『続日本紀』の光仁天皇即位前紀にみえる童謡が想起され、

M葛城寺の前在や　豊浦寺の西在や　於志とど　刀志とど　桜井に白壁之豆久や　好壁之豆久や　於志とど　刀志とど　然為ば　国そ昌ゆるや　吾家良そ昌ゆるや　於志とど　刀志とど

かつて「桜井」という地名が豊浦付近にあったことがわかる。第一章でも述べたように蘇我氏の同族に桜井臣という氏族が存し、おそらくその居住地に基づく氏名と考えられる。右の歌から推考すると桜井という一域は葛城寺の南側、豊浦寺の西方に隣接していたことになるので、位置関係から推定すると葛城寺は豊浦寺の北西ないしは西北方向に所在したと言える。

『日本書紀』崇峻三年三月条によると、「学問尼善信等、百済より還りて、桜井寺に住り」と記すが、『上宮聖徳法王帝説』裏書には、「庚戌春三月、学問尼善信等、自百済還住桜井寺、今豊浦寺也。初桜井寺云、後豊浦寺云」とあり、また『元興寺伽藍縁起并流記資財帳』にも、「壬寅年大后大、王與池辺皇子二柱同心天、牟久原殿ヲ楷井ニ、癸卯始作桜井道場ト、灌頂仏之器隠蔵キ」とあり、豊浦寺・桜井寺・向原殿などの施設は同一のものであることを示しており、豊浦の地こそが桜井とも呼ばれたらしく、桜井の起源は豊浦にあった井戸の嘉号と考えてよいだろう。そうすると、葛城寺は山田道の沿道で豊浦＝桜井の西北辺に所在した寺院であったとすることができる。

『平安遺文』所収の「延久二年興福寺大和国雑役免坪付帳（四六三九・四六四〇号）」には、高市郡条里の「二十八条二里」に四カ所にわたって「葛木寺田二町九段六十歩」の寺田が記載されている。当地付近は橿原市和田町に属し、周知のように飛鳥時代創建とされる和田廃寺（橿原市和田町）の存在が知られているので、葛城寺とはこの和田廃寺のことの可能性が高く、もしそうであるならば当寺も蘇我氏にゆかりのある寺院と言うべきで、田中臣あるいは田口臣などが造営した氏寺ではなかろうか。田中臣は橿原市田中町に地名が残っており、田口臣については「家於大和国高市郡田口村、仍号田口臣」と伝えていて、佐伯有清が田口村の所在地を橿原市和田町に比定しているのである。

この地域は先ほど引用したEの史料にみえる大野丘の北塔の所在地を想起させる地域でもあり、この遺跡と葛城寺とを結びつける見解もあり、さらには舒明八年六月、岡本宮に火災が発生して天皇は田中宮に遷ったとする。その後舒明十二年四月に厩坂宮を経て十月に百済宮に遷都しているので、この田中宮の遺址に葛城寺が建立されたという蓋然性も否定できないであろう。そして以後蘇我同族の田中臣または田口臣らが同寺の法灯を受け継いだと解することができるだろう。

右に述べてきたどの想定が正鵠を射るものであるかはなお予断を許さないが、私見では葛城寺は蘇我氏の本拠地の中枢域に建てられた寺院であるので、先ほど指摘したように何よりもまず馬子との関係を考えるのが妥当ではあるが、蘇我氏の本拠地を葛城地方に推定するための素材としては信憑性に欠け、むしろ当地域を蘇我氏の本拠地とみる私見に有利な素材と考えられるのである。しかし、蘇我葛木という通称を名乗る氏族の存在を無碍に否定することもできず、蘇我氏が葛城地方とどのような関係を築いていたのかについては別の視点から解明する必要があるので、次節でその私見を述べることにしたい。

右に縷々説明して来たように、論拠とすべき史料がきわめて乏しいのとその性格に充分な信頼性がないことに気づいたために、葛城地方を蘇我氏の本拠地であると推論した研究者らは、結局蘇我氏は五世紀代に葛城氏から枝分かれし、その後高市郡の曽我の地に移住して大を成した勢力であると恣意的に想定するようになった。しかし、遺憾ながらそのような想定を裏付ける史料や根拠はどこにも見当たらないと言うべきである。

V　葛城高宮と蘇我氏

さて、次に取り上げる史料も書紀に掲載されている。

N是歳、蘇我大臣蝦夷、己が祖廟を葛城の高宮に立てて、八佾の舞をす。遂に歌を作りて曰はく、

大和の　忍の広瀬を　渡らむと　足結手作り　腰作らふも

（『日本書紀』皇極元年是歳条）

これも蘇我氏の逆賊的な越権行為を記したとされる著名な記事である。大臣蝦夷は皇極女帝を擁立したその年に祖廟を葛城の高宮に建設し、そこで八佾の舞を公然と施行したという。八佾の舞は『論語』八佾篇に記されているように中国では皇帝（天子）のみが行うことを許された舞踏で、蝦夷がこれを行ったということは、蝦夷の権力が天皇を凌駕していることを具体的な形で表示するものである。蝦夷が葛城高宮において廟宮を建設したということは、馬子の晩年に要求し退けられた葛城県の支配が蝦夷の段階では実現していたことを意味しており、前章で舒明天皇の治世において蝦夷は葛城県を手に入れたのではないかと推測しておいた。八佾の舞はそのような動向の上に敢行された政治的デモンストレーションである。

祖廟とは古代の中国では皇帝の祖霊を国家の主神として祭る施設を意味するが、廟宮によって祖先を祭るというような習慣はもともと日本の社会にはなかったのであり、具体的に最初の祖廟とみられるものは八世紀初頭に筑紫に造営された香椎廟であろう。この廟宮では新羅征討伝承で著名な神功皇后（大帯姫）の霊が祭られており、神宮・神社としては延喜式にも登載されていない特殊な宗教施設である。七世紀段階ではおそらく隋・唐からの帰国留学生らの知識を得た蝦夷が、自己の祖先系譜上の先祖を国家の主神として祭る新式の施設として建設に踏み切ったものであろう。八佾の舞が祖廟祭祀を開始しようとした蝦夷の意図を暗示しており、蘇我の祖霊崇拝にこれまでにない何らかの実体を加えようとしていた可能性があるのではなかろうか。

興味深いのは、祖廟は必ずしもその奉祭勢力の本拠地に建設する必然性を持たないことである。神功皇后の本居は大和であったから、筑紫に設けられた廟宮は統一新羅を敵対国として睨みをきかす軍事的な性格を帯びた霊廟であった。神功皇后の新羅征討伝承に基づき皇后がかつて征討の基地を構えた地ということで建設されたのが香椎廟なのである。そうすると、葛城高宮の祖廟も蘇我氏の本拠地に置かれなくともよいのである。ただ、言うまでもなく蝦夷が葛城を設置場所に選んだのにはそれなりの理由があるとしなければならず、その根拠・由緒を究明することが蘇我氏の本拠地を解き明かすためにも必要であると考えられる。

問題はここで蝦夷が「己が祖」と称している先祖霊の実体であるが、これまではおよそ蘇我氏の系譜的始祖に当たる武内宿祢や蘇我石河宿祢であろうと推測されてきたのであるが、それは皮相な見方であって遺憾ながら私はそのようには考えていない。第一章でもすでに指摘しておいたように、武内宿祢や蘇我石河宿祢を系譜上の始祖に据えたのは蘇我倉氏すなわち石川氏であって、蘇我本宗家が唱えていた祖先系譜は『古事記』『日本書紀』では完全に抹消され隠匿されてしまっていると考えるからである。蘇我本宗家の稲目以前の実際の系譜については最早これを追究するための手立てが残されていないとも言えるのであるが、私はなおこの問題を解くための微細な手がかりがあるものと考えている。それは廟宮が設置されたと記す葛城の高宮である。

右の文章を読むと「葛城の高宮」とは地名のことであることがわかる。令制下の葛上郡には高宮郷があったらしく、『日本書紀』神功摂政五年三月条には、葛城襲津彦が新羅征討の帰り道に草羅城の攻撃で獲得した俘人が「今の桑原・佐糜・高宮・忍海、凡て四の邑の漢人等が始祖なり」とあり、高宮は葛城一族の支配下に置かれた渡来人の定着地のひとつでもあった。その境域については、現在の御所市森脇から豊田・宮戸・名柄付近一帯とみる説と、もう少し南の伏見・高天・極楽寺辺りに比定する説とに分かれるが、いずれにせよ当地域は古代葛城地方の中枢部とも言ってよいところで、蝦夷はそうした場所に蘇我の祖廟を建設しようと目論んだのである。

葛城の高宮に関しては周知のようにもうひとつの史料がある。それを次に引用しておこう。

O即ち山代より廻りて、那良の山口に到り坐して歌曰ひたまひしく、

つぎねふや　山代河を　宮上り　我が上れば　あをによし　奈良を過ぎ　小楯　倭を過ぎ　我が
見が欲し国は　葛城高宮　我家のあたり

（『古事記』仁徳段）

即ち那羅山を越えて、葛城を望みて歌して曰はく、

つぎねふ　山背河を　宮泝り　我が泝れば　青丹よし　那羅を過ぎ　小楯　倭を過ぎ　我が見が
欲し国は　葛城高宮　我家のあたり

（『日本書紀』仁徳三十年九月条）

これらは葛城襲津彦の娘（妹）と伝えられる磐之媛の伝承に伴う物語に出てくる歌謡である。物語の詳細とその意義については別著『倭の五王と二つの王家』で綿密に検討しておいたのでご参照をお願いするが、この儀礼歌の主旨は、奈良盆地北端の那羅山から南方遠くの葛城高宮にわが国・わが家が望まれると

いうことを磐之媛自身が慨嘆したもので、主人公磐之媛の祖国・故郷が高宮にあることが明確に示されている。

通常、『古事記』『日本書紀』のそれぞれの物語に引用されている歌謡は、多くの場合には本文の事件とは直接に関わりのないものが利用されており、当該歌謡についても時代を異にする単なる道行きと国見の歌ではないかとも思われるのであるが、物語に付随して配置されている他の多くの歌謡も内容的に磐之媛の葬送儀礼にまつわる一連の儀式歌とみられることから、右の歌も媛の遺骸を殯宮のあった山代の筒城宮から埋葬地（乃羅山）まで移送した時の鎮魂歌であったと推定できる。そうすると、「我が見が欲し国は葛城高宮　我家」とあるように、彼女の本居は葛城高宮であったと言えるのであり、蘇我蝦夷が祖廟を建てたのも同じ場所で、蝦夷は右の歌謡に出てくる葛城高宮を強く意識していたに相違ないと考えられる。

問題とすべきは、N・Oいずれの史料も一見すると「葛城高宮」をあたかも地名のように記しており、確かにNの方は地名と解して大過ないものであろうが、Oは単なる地名とはみなし得ない内容を含んでいる。媛はまず自分が「見が欲し国」を葛城高宮と呼び、次いで葛城高宮を「我家」としている。媛にとって葛城高宮は我が「国」でもあり我「家」でもあったのだ。我「家」は媛の出自した葛城襲津彦の一族の居所を指し、我「国」はそれとは違う政治的性格を帯びた重要な施設が葛城高宮にあったことを示唆する語であり、すなわちその施設こそが「高宮」なのであろう。後世に「高宮」は高宮郷のように地名化したのであるが、磐之媛の時期の「高宮」は地名ではなく王権に関わる「宮」があった場所と考えなければならない。それではその宮の主は一体誰であったのだろうか。

ところで、よく知られているように磐之媛は仁徳天皇の大后（皇后）として伝えられた女性で、履中・反正・允恭三天皇の生母とされている。これが『古事記』『日本書紀』が公式に認定している王統譜である。しかるに、私見は磐之媛の夫についても、またその実子に関しても歴史的には左に示した図Ⅲの復原系譜が歴史的事実を反映した正しい系譜であると考えている。

簡単に説明すると、図Ⅰは『古事記』『日本書紀』に記載されている一系主義の天皇系譜である。四世紀後半から五世紀末までの天皇の系譜関係がこれでわかる。履中・反正・允恭の三天皇はいずれも仁徳天皇と磐之媛との間に生まれた実の兄弟とされているのである。漢字一字を入れた【 】は、『宋書』倭国伝の倭国王に比定されている天皇らである。ただし、讃については仁徳天皇・応神天皇とみなす説もあり、学問的には未だ確定していない。

【図Ⅰ】応神・仁徳（記・紀）系譜

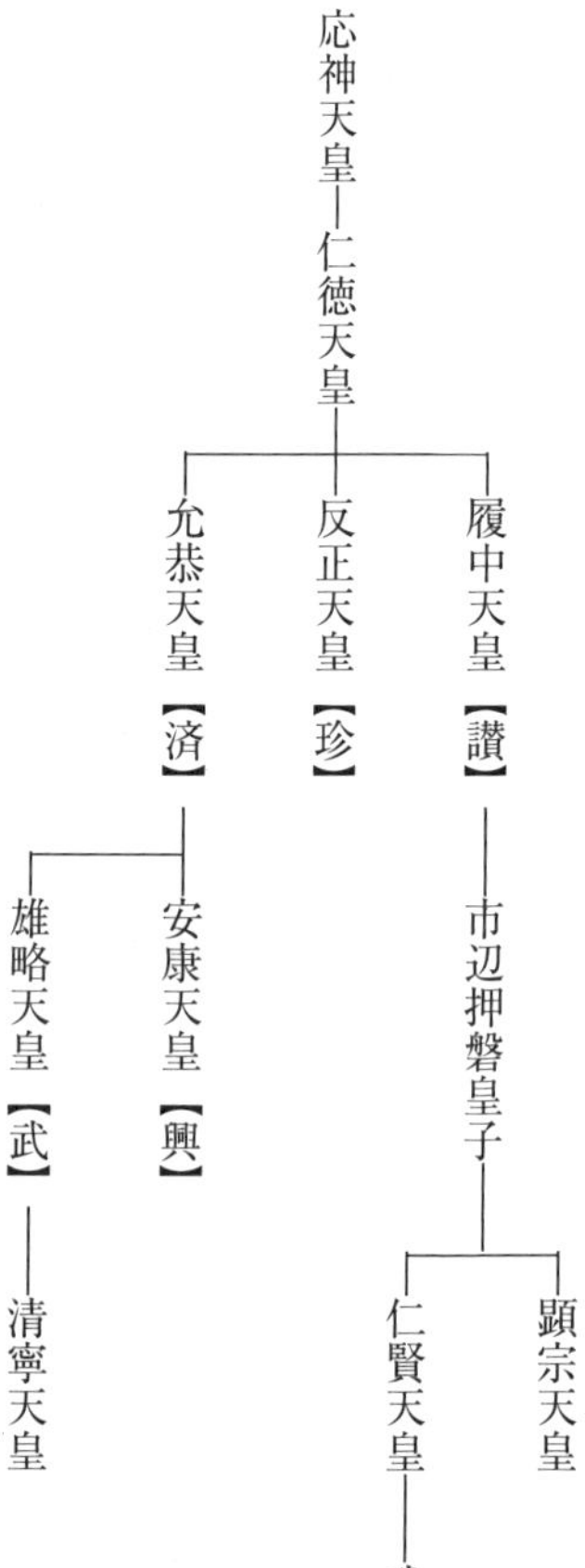

次に、図Ⅱは今指摘した『宋書』倭国伝に記述のみえる倭の五王の系譜である。王名の下に掲げた（　）は続柄であり、数字は即位の順を示すもので、これらの記述に異論を唱える研究者はいない。問題は讃・珍と済の続柄が明瞭ではないことで、戦後の有力な学説として五世紀の王統を二系に分けて考えるべきだとする発想が提起され、私もA系譜とB系譜とは区別すべきであると考えた。そうすると、讃・珍は済とは実の兄弟関係にはなかったということになり、図Ⅰの天皇系譜は虚偽を含んでいるということになる。

中国史料の信憑性は『古事記』『日本書紀』よりはるかに優越するからである。しかしながら、図Ⅱの系譜関係を踏まえた王統譜の復原作業はその後長らく放置されたままで研究の進展はみられなかった。

【図Ⅱ】宋書倭国伝の王系譜

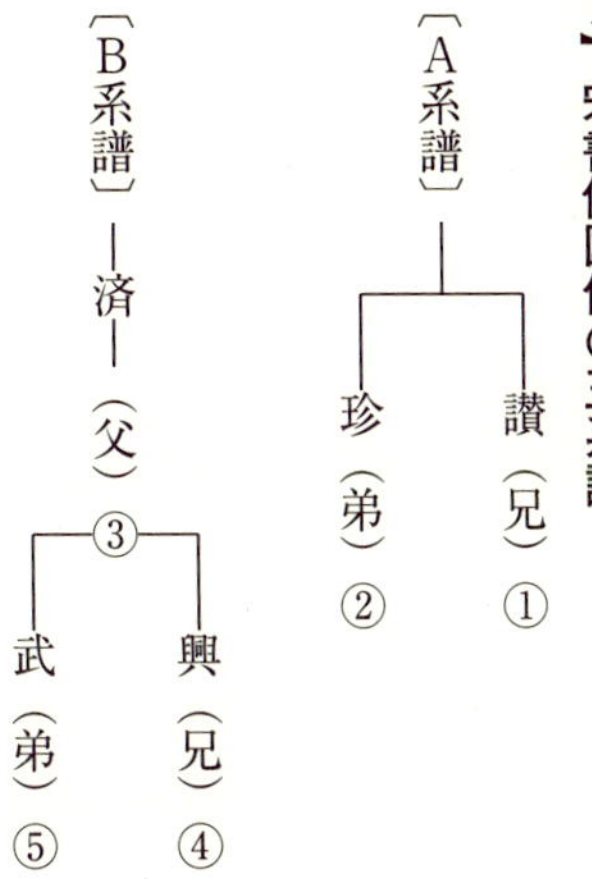

そこで、これまでの学界状況を踏まえて、私は自分なりにA・B両系譜がいつの時期にどのようにして成立したのかを検討し、結論として図Ⅲに示したような王統譜を具体的に提案することができた。

【図Ⅲ】倭の五王の復原系譜

〔A系譜〕

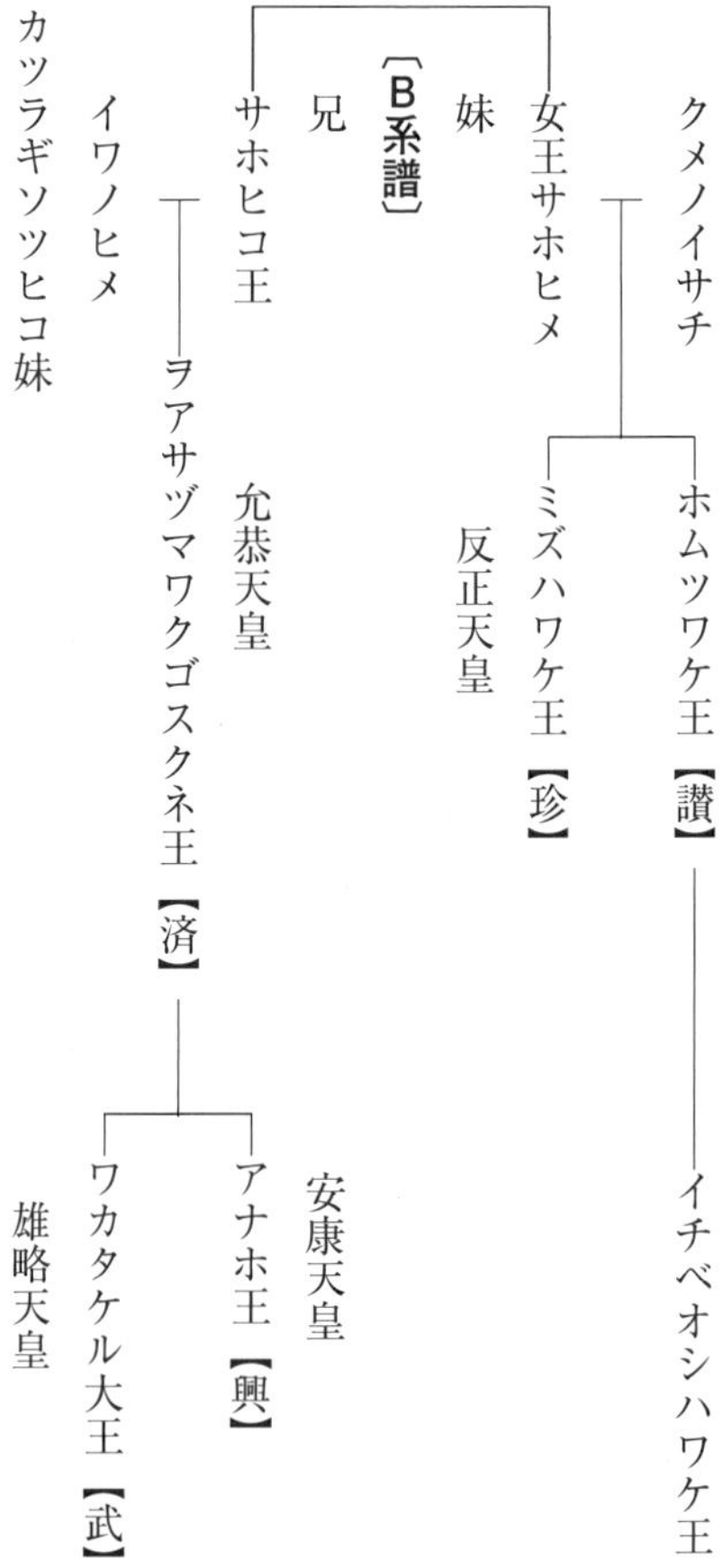

王統譜の復原の次第については最近の拙著『倭の五王と二つの王家』を参照していただきたいのであるが、当面の課題についてだけ私見をできるだけ簡約化して説明することにしたい。

右の系譜によると、倭王の讃・珍と済とは従兄弟であり、それぞれ生母が違っており、讃・珍の生母は女王サホヒメ、済の母が磐之媛とみられる。これまで倭王讃は主に履中天皇とみなされてきたが、応神・仁徳・履中の三天皇は実在の始祖帝王ホムツワケの存在を隠蔽するために造作された天皇群であると判断される。ホムツワケ王以前の歴史を万世一系の天皇系譜によって説明するためには、女王サホヒメとその子ホムツワケ王の事績を歴史から排斥しなければならなかったからである。そのために架空の聖帝仁徳天皇と磐之媛が二つの王統をつなぐ接着剤とされたのである。

古代日本の王統が二系に分かれた理由については、女王制から男王制への転換をはかる際に、出産の危険を予め防止するための措置であり、女王に御子が得られない場合が想定されたと考えられるのである。そのために、即位順から推定されるように、二つの王統のうちA系譜は女王の後継者であったので正統とみなされ、B系譜は副次的な性格を持つ王統とされた。しかし、王統そのものが創始された当時には王位継承についての慣例や原則が確立していなかったので、珍の没後に済が王位を主張して即位するに至ったらしい。倭王済はB系譜の始祖とも言うべき位置を占める人物であった。

倭王済ことヲアサヅマワクゴスクネ王（允恭天皇）は幼名をアサヅマワクゴと称し、おそらく生母磐之媛の領地であった朝妻に所在する葛城高宮で誕生しそこで養育を受けたと理解することができる。すなわち、葛城高宮はアサヅマワクゴ王（允恭天皇）の生誕地であり養育のための王宮だったと言えるのである。因みにホムツワケ王・ミズハワケ王兄弟は女王サホヒメの来目高宮で養育されたらしいので、葛城高宮はそれに対抗して建設された宮であったと推察される。

以上のように考えられるとすると、蘇我馬子が葛城県を推古女帝に要求した理由、そして蝦夷が「祖廟」を葛城高宮に造営した由来が何にあったのかが明らかになるのではなかろうか。すなわち、葛城高宮を造営し経営したのは葛城襲津彦と磐之媛の一族であり、その宮の主アサヅマワクゴ王こそが蘇我氏の始祖だと主張されたのではなかろうか。換言するならば、蘇我氏とは遡れば允恭大王の血筋に実体的につながる王族であったと推考できるであろう。つまり蘇我の先祖は神話上の存在ではなく人間的な実体を有する歴史的な人物であったのである。そのために蝦夷は中国の制度を取り入れて祖霊を祭る廟宮を新たに建設しようとしたのである。

大臣馬子と推古女帝のやりとりの中にはそのようなことを臭わせる言辞がまったく見当たらない。馬子が葛城県は「臣が本居なり」と言い、さらに「其の縣に因りて姓名を為せり」と主張し、女帝が「今朕は蘇何より出でたり」と応じたとするだけでは、後世の我々には何のことかさっぱり理解できないのであり、その原因は書紀編者が蘇我大臣家の真実の出自・系譜を隠蔽する必要があったからだと言わざるを得ない。しかし、大王推古と馬子との間には明確に何が問題となっていたのかがわかっていたのであると考えられ、専制権力を発揮した蝦夷ははっきりと葛城に祖廟を構えたのだが、蝦夷が考えていた蘇我の祖先は神話的な忠臣武内宿祢ではなく実在した始祖帝王允恭であったとみなしてよいだろう。歴代大臣の象徴的な始祖とされる人物ではなくヤマト王権の始祖帝王を自己の先祖に据えるという行為は、蝦夷自身が大臣から大王へと変身したことと対応する事象であることを示唆するであろう。

もはや疑うことができない事実は、本章で縷々述べてきたように蘇我稲目の本拠地が高市郡の軽の地に所在したということである。蘇我氏の本拠地については曽我でも葛城でも河内でもなく、高市郡の軽から甘樫岡にかけての地域であったと結論づけることができる。允恭大王の事績については甘樫岡を舞台としたいわゆる盟神探湯（クガタチ）による定姓が著名であるが、蘇我本宗家がこの岡の周辺を宅地としていたのは、允恭以来蘇我の先祖がこの聖地を守るという任務に関係があったからであろう。允恭大王から稲目までの世系・系譜については次章で詳細に検討するが、おそらく稲目の父・祖父の代から軽が彼らの本拠地になっていたと推定される。さらに付け加えると蘇我氏は稲目またはそれ以前の時期に王族の身分を捨てたことも推測できるのである。では、允恭大王と稲目とを結びつける蘇我の真実の先祖は一体誰であったのかをさらに次章で追究してみたいと思う。

第四章　蘇我稲目の祖先系譜

Ⅰ　蘇我稲目とは何者か

蘇我氏＝允恭大王後裔王族出自説を提唱しようとする筆者は、その歴史的な実在性についてほとんど疑うことのできない蘇我稲目の系譜的先祖を実証的に究明しなければならない。そうでなければこの提案は単なる思いつき・妄想の類になってしまう。

従来、蘇我氏の研究者は誰もが蘇我石河宿祢―満智―韓子―高麗（馬背）の系譜関係に気をとられ、この系譜こそが蘇我大臣家の祖先系譜であると認識してきたように思う。しかし、片方では高麗以前と稲目以後とに明確な系譜上の断絶があることを多くの研究者が認めていながら、なおこの系譜にこだわり続けることは、蘇我氏の真の歴史的実体や機能・意義などの問題について本当の意味では明らかにすることはできないだろうと考える。

蘇我石河宿祢から高麗に至る蘇我氏の系譜は、羽田・巨勢・平群・紀など建内宿祢後裔氏族の範疇に蘇我氏も属するのだということを公的に表明するための手段として造作された偽系譜と判定しなければならないであろう。稲目以前の真実の蘇我氏系譜は、『古事記』『日本書紀』が編纂された七世紀末から八世紀初めの時期には公然と主張し得る場を喪失していたのであり、蘇我の分岐氏族であった石川朝臣氏が半世紀以上も前に滅亡した本宗家の系譜を家伝に記載している可能性はなかったと考えてよい。彼らが提出した家伝にはあくまでも蘇我石河宿祢を始祖とするその後裔系譜が記載されていたのだと推定せざるを得ないのである。

稲目は宣化大王の世に唐突な形で現れ、しかも初発から大臣の位に坐るという破天荒な登場の仕方をしている。このことは何を意味するのか、稲目は一体何者なのであるかという課題に斬新な答えを提起した研究者はこれまでにいなかったと思われる。本章で筆者が披瀝しようとするのはまさしく稲目の先祖に関わりがあると推定される一つの説話である。

Ⅱ　衣通郎女の伝承

『古事記』によると、允恭大王には大后忍坂之大中津比売との間に九人の子どもたちがいたと伝えている。そのうち男子が五人・女子が四人である。『古事記』允恭段に記載されている帝紀的記事を引用すると次のようになる。

弟、男浅津間若子宿祢命、遠飛鳥宮に坐しまして、天の下治らしめしき。此の天皇、意富本杼王の妹、忍坂の大中津比売命を娶して、生みませる御子、木梨之軽王。次に長田大郎女。次に境の黒日子王。次に穴穂命。次に軽大郎女、亦の名は衣通郎女。御名を衣通王と負はせる所以は、其の身の光、衣より通り出づればなり。次に八瓜の白日子王。次に大長谷命。次に橘大郎女。次に酒見郎女。九柱。凡そ天皇の御子等、九柱なり。男王五、女王四。此の九王の中に、穴穂命は天の下治らしめしき。次に大長谷命、天の下治らしめしき。

次に『日本書紀』の関連記述を掲記しておこう。

忍坂大中姫を立てて皇后とす。是の日に、皇后の為に刑部を定む。皇后、木梨軽皇子・名形大娘皇女・境黒彦皇子・穴穂天皇・軽大娘皇女・八釣白彦皇子・大泊瀬稚武天皇・但馬橘大娘皇女・酒見皇女を生れませり。

（『日本書紀』允恭二年二月条）

今試みに双方の記述を系図の形で示すと左のようになる。允恭記に記載された人名の下の〔　〕には書紀の人名表記を書き入れてある。両者を対照すればわかるように、出生順も含めて双方の伝記はほとんど矛盾なく一致している。

男浅津間若子宿祢命（允恭天皇）
忍坂之大中津比売命
├木梨之軽王〔木梨軽皇子〕
├長田大郎女〔名形大娘皇女〕
├境之黒日子王〔境黒彦皇子〕
└穴穂命〔穴穂天皇〕

軽大郎女（衣通郎女）〔軽大娘皇女〕
八瓜之白日子王〔八釣白彦皇子〕
大長谷命〔大泊瀬稚武天皇〕
橘大郎女〔但馬橘大娘皇女〕
酒見郎女〔酒見皇女〕

ただし、よくよく調べてみると一か所だけ内容的に合致していない点があるのに気付く。それは『古事記』の軽大郎女には亦名衣通郎女を記し、さらには註記で衣通の意味をわざわざ付け加えることで大郎女が卓越した美人であることを公言していることである。この註記は初めから当該場所に存在したものではなく、木梨之軽王と軽大郎女に関する物語の伏線として『古事記』の編者の手で書き加えられたものであろう。こういう特別な記述は書紀の軽大娘皇女の部分にはみえていない。後で問題にする記事に「軽大娘皇女、艶妙し」とあるだけで、絶世の美女というほどの表現は与えられていないのである。

書紀において明確に「衣通郎姫」と呼ばれている女性は皇后忍坂大中姫の妹（弟姫）とされる人物であるが、書紀には実名が記されておらず、「弟姫、容姿絶妙れて比無し。其の艶しき色、衣より徹りて晃れり。是を以て、時人、号けて、衣通郎姫と曰す」とあって通称が披露されているだけである。つまり、衣通郎女は『古事記』では允恭大王の娘とされ、大后忍坂之大中津比売の妹が絶世の美女であったことについても何の記載もないのに対し、書紀では天皇の「妾」とされる人物が大きく特筆されて扱われているのである。いずれの人物が実在した本物なのであろうか。

書紀の衣通郎姫はきわめて重要な伝承を保持する女性であり、允恭大王は彼女を見知って以来皇后を差し置いて郎姫だけに傾倒し、皇后の嫉妬を避けるためにわざわざ藤原宮・茅渟宮などの行宮を次々に建てて足繁く通うという、およそ高徳の君主にはまったく相応しくない行動をとった。しかも熱愛する郎姫との間にはひとりも子どもがいないというきわめて変則的かつ異常な状態で、反対に皇后との間には先ほどみたように九人もの子女を儲けたとされるのである。このような不可思議な内容の伝承となった根本の原因は、おそらく允恭大王の真実の皇后が衣通郎姫であって、忍坂大中姫は強引に後から皇后の地位に押しこまれた実在しない女性だからであろう。

郎姫とは誰なのかというと、『古事記』応神段や『上宮記』一云に名が記されている藤原之琴節郎女（布遅波良己等布斯郎女）を指すとみて間違いがない。『古事記』応神段の冒頭と末尾には次のような系譜の文章がみえている。

又咋俣長日子王の女、息長真若中比売を娶して、生みませる御子、若沼毛二俣王。一柱。

又此の品陀天皇の御子、若野毛二俣王、其の母の弟、百師木伊呂辨、亦の名は弟日売真若比売命を娶して、生める子、大郎子。亦の名は、意富富杼王。次に忍坂の大中津比売命。次に田井の中比売。次に田宮の中比売。次に藤原の琴節郎女。次に取売王。次に沙祢王。七王。故、意富富杼王は、三国君、波多君、息長坂君、酒人君、山道君、筑紫の末多君、布勢君等の祖なり。

右の系譜の中身を系図の形で改めて表すと次のようになる。

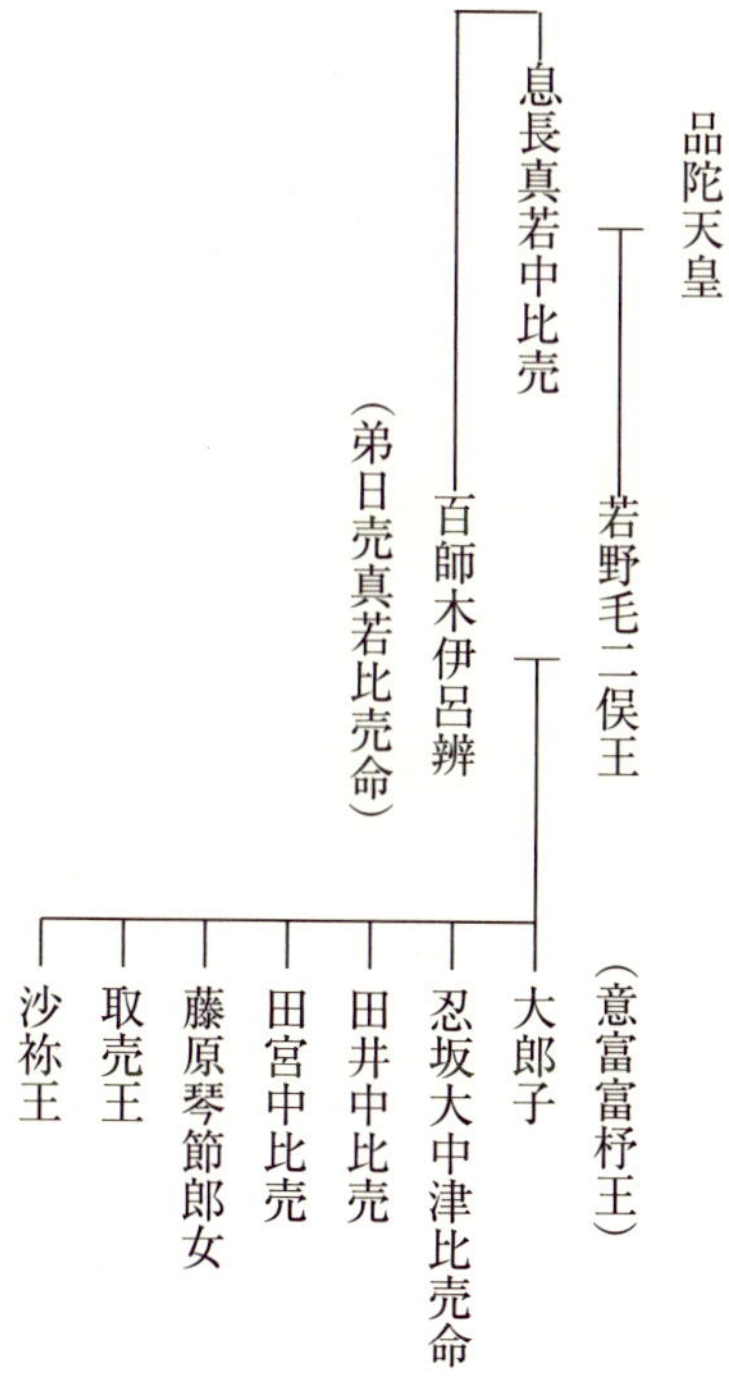

この系図から忍坂之大中津比売が応神天皇の孫であること、藤原琴節郎女が大中津比売の妹であること、彼女らは父系・母系双方で息長氏の一族に属することが明瞭に理解される。しかも、若野毛二俣王の婚姻は異例の姨・甥婚となっていることがわかり、かなり強引な手法で系譜が造作されているのを看取することができる。

応神記の記者はおそらく次に掲げる『上宮記』一云の系譜伝承を参照して文章を整え造作を施したもの

と推定できる。それを次に掲記してみることにする。

凡牟都和希王
- 若野毛二俣王

弟比売麻和加

母々思己麻和加中比売
- 大郎子（一名意富ゝ等王）
- 践坂大中比弥王
- 田宮中比弥王
- 布遅波良己等布斯郎女

応神記との相違点を列挙してみると、

一、凡牟都和希王が品陀天皇にすり替えられている。

二、弟比売麻和加と母々思己麻和加中比売の関係が何も示されていなかったのに、弟比売麻和加が百師木伊呂辨と同一人物とされ、その亦名に変更されてしまっている。

三、弟比売麻和加の原位置に息長真若中比売が割り込んでいる。

四、大郎子の兄弟・姉妹は四人であったのに、七人に増えている。

以上の検討により、忍坂之大中津比売にまつわる系譜は息長氏が大王家の古い外戚氏族であることを証拠だてるために造作・潤色されたもので、その過程において琴節郎女も息長系譜の中に取り込まれたのであろう。つまり琴節郎女という女性は元来息長氏とは無縁の人物だったと考えられるのである。

冠辞の藤原は純然たる地名であり、生前の郎女にもっとも所縁の深い場所と推定され、おそらく彼女の生地であり居住地であったとみてよいと思う。大王が郎女のために建てたとされる藤原宮は元来郎女の家宅のあった所に造営された宮で、しかも私は藤原宮こそが允恭の正宮と伝承されている遠飛鳥宮のことだろうと考えている。したがって、琴節郎女はもともと大和の人であったと推定してよいだろう。

しかるに、書紀は郎姫を皇后忍坂大中姫の妹とし、皇后の故郷である近江国の「坂田」から召し上げられたと記す。先ほど指摘しておいたように、応神記や『上宮記』一云に記す系譜も藤原之琴節郎女を忍坂之大中津比売の妹と記載しているので、一見すると郎姫は近江の息長氏出身の女性と見誤る可能性が高いのであるが、どうしても忍坂大中姫を允恭大王の皇后の地位に据えなければならない系譜操作上の理由から、郎姫にまつわる伝承を改竄する必要に迫られて書紀のような伝記が出来上がったのだと考えられるのである。一方、『古事記』の方は允恭大王の妃妾のことをあからさまに書かず、むしろ隠蔽しようとする方針を選択したと言えるようである。

こうした虚構の話に一枚絡んでいるのが中臣氏の遠祖とされる中臣烏賊津使主であって、使主は舎人として天皇の命令を受け坂田に至り、天皇への奉仕を嫌がる郎姫を巧妙な手口を弄して承諾させ、ついに大和まで随行する役割を担っている。使主がこの話に割り込んでいる理由は、おそらく郎姫の家宅が飛鳥西北方の藤原に所在したからで、天武・持統朝において当地には藤原宮・京が造営され、また宮の東方隣接地に藤原不比等の第宅があったことと関係があろう。藤原は中臣・藤原両氏にとっての祖源の土地でもあったのである。

すなわち、結論として允恭大王の真実の皇后は藤原之琴節郎女ひとりであり、彼女は絶世の美女であったので大王の寵愛を一身に受け、大王との間に数多くの子女を儲けたのであり、衣通の通称はここに淵源したとみなしてよいだろう。そうすると、それではなぜ『古事記』が天皇の娘に当る軽大郎女を衣通郎女に擬定する必要があったのかという疑問が生じてくるであろう。おそらくそれには『古事記』『日本書紀』編纂時に介在した未解明の政治的な配慮や意図が潜在しているのではあるまいか。

Ⅲ　木梨軽太子事件の真相

木梨之軽王は悲劇の王子である。彼はおそらく父大王の後継者と目された人物であったが、即位を弟の穴穂王子に阻まれ失意のうちに没したのである。興味深いのは王子の排斥の事情であって、通常の王位争奪や権力闘争に基づく敗北とはかなり異質な内容が記されているのである。まずは『古事記』の説明をみてみることにしよう。

天皇崩りましし後、木梨之軽太子、日継知らしめすに定まれるを、未だ位に即きたまはざりし間に、其の伊呂妹軽大郎女に姧けて歌曰ひたまひしく、

あしひきの　山田を作り　山高み　下樋を走せ　下娉ひに　我が娉ふ妹を　下泣きに　我が泣く
妻を　昨夜こそは　安く肌触れ

とうたひたまひき。此は志良宜歌なり。又歌曰ひたまひしく、

笹葉に　打つや霰の　たしだしに　率寝てむ後は　人は離ゆとも　愛しと　さ寝しさ寝てば　刈薦の　乱れば乱れ　さ寝しさ寝てば

とうたひたまひき。此は夷振の上歌なり。

話の始まりは大王崩御後のこととされている。木梨之軽「太子」はすでに「日継知らしめすに定まれる」と書かれているように後継者に決まっていた。ところが、彼は即位以前に同母妹を姧すという古代社会における最大の禁忌（タブー）のひとつを破ったとされる。異母兄妹間の結婚は許されていたが同母のそれは前後にまったく例の無い事件であり、それも王族同士の事例なのである。

是を以ちて百官及天の下の人等、軽太子に背きて、穴穂御子に帰りき。爾に軽太子畏みて、大前小前宿祢の大臣の家に逃げ入りて、兵器を備へ作りたまひき。爾の時に作りたまひし矢は、其の箭の内を銅にせり。故、其の矢を号けて軽箭と謂ふ。穴穂御子も亦、兵器を作りたまひき。此の王子の作りたまひし矢は、即ち今時の矢なり。是を穴穂箭と謂ふ。

真相を知った世間はこぞって太子に背き、穴穂王子を支持した。事態を畏怖した太子は直ちに大前小前宿祢大臣の家に逃げ込んで兵器を作ったという。これに対抗するために穴穂王子も戦備を整えたとする。話の筋としておかしいのは、軽太子と穴穂王子との間に境之黒日子王がいたことである。王位または族長位が兄弟相続される慣例があったものとすると、当然黒日子王が当面の候補者とされたであろう。にもかかわらず穴穂王子が対抗馬となっているのは、境之黒日子王が八瓜之白日子王とともに実在しない人物だったからとも考えられ、現に書紀の安康即位前紀には穴穂大王は允恭大王の「第二子」とする記述があり、実際に穴穂王子つまり安康大王が王位に就いたからであろう。穴穂がクローズアップされているのは、次期大王の即位の正当性をこの事件の経緯を記すことで説明しようとしたからに相違あるまい。

この話の最大のポイントは大罪を犯した軽太子が大前小前宿祢の大臣の家に逃げ込んで庇護を求めたこと、しかるに宿祢は穴穂王子のために一肌脱いだ点にあると思われるが、その意義については後で詳しく述べることにしよう。

是に穴穂御子、軍を興して大前小前宿祢の家を囲みたまひき。爾に其の門に到りましし時、大く氷雨零りき。故、歌曰ひたまひしく、

大前　小前宿祢が　金門蔭　かく寄り来ね　雨立ち止めむ

とうたひたまひき。爾に其の大前小前宿祢、手を挙げ膝を打ち、舞ひ詞那伝、歌ひ参来つ。其の歌に曰ひしく、

宮人の　脚結の子鈴　落ちにきと　宮人とよむ　里人もゆめ

といひき。此の歌は宮人振なり。

如此歌ひ参帰て白しけらく、「我が天皇の御子、伊呂兄の王に兵をな及りたまひそ。若し兵を及りたまはば、必ず人咲はむ。僕捕へて貢進らむ」とまをしき。爾に兵を解きて退き坐しき。故、大前小前宿祢、其の軽太子を捕へて、率て参出て貢進りき。

穴穂王子は軍隊を率いて宿祢の家を取り囲んだ。歌謡のやりとりの後、宿祢は穴穂王子に帰順して兄弟争いの否なることを説き、兵を撤退させることを指示し、自ら太子の身柄を捕えて差し出したのである。

其の太子、捕へらえて歌曰ひたまひしく、

天飛む　軽の嬢子　いた泣かば　人知りぬべし　波佐の山の鳩の下泣きに泣く

とうたひたまひき。又歌曰ひたまひしく、

天飛む　軽嬢子　したたにも　寄り寝てとほれ　軽嬢子ども

とうたひたまひき。故、其の軽太子は、伊余の湯に流しき。亦流さえむとしたまひし時、歌曰ひたまひしく、

天飛ぶ　鳥も使ぞ　鶴が音の　聞えむ時は　我が名問はさね

とうたひたまひき。此の三歌は天田振なり。又歌曰ひたまひしく、

王を　島に放らば　船余り　い帰り来むぞ　我が畳ゆめ　言をこそ　畳と言はめ　我が妻はゆめ

とうたひたまひき。此の歌は夷振の片下ろしなり。其の衣通王、歌を献りき。其の歌に曰ひしく、

夏草の　あひねの濱の　蠣貝に　足踏ますな　あかしてとほれ

といひき。故、後亦恋ひ慕ひ堪へずて、追ひ往きし時、歌曰ひたまひしく、

君が往き　け長くなりぬ　山たづの　迎へを行かむ　待つには待たじ

とうたひたまひき。故、追ひ到りましし時、待ち懐ひて歌曰ひたまひしく、

隠り国の　泊瀬の山の　大峡には　幡張り立て　さ小峡には　幡張り立て　大峡にし　なかさだめる　思ひ妻あはれ　槻弓の　臥やる臥やりも　梓弓　起てり起てりも　後も取り見る　思ひ妻あはれ

とうたひたまひき。又歌曰ひたまひしく、

隠り国の　泊瀬の河の　上つ瀬に　斎杙を打ち　下つ瀬に　真杙を打ち　斎杙には　鏡を懸け　真杙には　真玉を懸け　真玉如す　吾が思ふ妹　鏡如す　吾が思ふ妻　ありと言はばこそに　家にも行かめ　国をも偲はめ

とうたひたまひき。如此歌ひて、即ち共に自ら死にたまひき。故、此の二歌は読歌なり。

軽太子は伊予の湯に流罪となった。衣通王は恋慕の余り後を追って伊予に至り、二人はそこで共に自死したとする。しかし、衣通王の動静や彼女の心意などについての記述は一切無く、挿入歌謡を多くして事件の実体化を図ろうとした作者の虚しい努力ばかりが目につく。

次に『日本書紀』の語りをたどってみよう。まず、発端は允恭廿三年三月条に記されている。

木梨軽皇子を立てて太子とす。容姿佳麗し。見る者、自づからに感でぬ。同母妹軽大娘皇女、亦艶妙し。太子、恒に大娘皇女と合せむと念す。罪有らむことを畏りて黙あり。然るに感でたまふ情、既に盛にして、殆に死するに至りまさむとす。爰に以為さく、徒に空しく死なむよりは、刑有りと雖も、何ぞ忍ぶること得むとおもほす。遂に窃に通けぬ。乃ち悒懐少しく息みぬ。仍りて歌して曰はく、

あしひきの　山田を作り　山高み　下樋を走せ　下泣きに　我が泣く妻　片泣きに　我が泣く妻　今夜こそ　安く膚触れ

書紀は允恭大王の在世中のこととして事件を描き始めている。木梨軽王は太子となった直後に事件を引き起こしたように記しているのである。そして主人公の木梨軽太子は「容姿華麗」の色男であったと記す。

同母妹は「艶妙」とはあるが先に指摘した事情によって絶世の美女とは表現されていない。太子は刑罰にこだわらず自己の欲情を肯定するも、近親相姦という罪の重さを自覚していないかのようである。

次の関連記述は允恭二十四年六月条である。

御膳の羹汁、凝以作氷れり。天皇、異びたまひて、其の所由を卜はしむ。卜へる者の曰さく、「内の乱有り。蓋し親親相姧けたるか」とまうす。時に人有りて曰さく、「木梨軽太子、同母妹軽大娘皇女を姧けたまへり」とまうす。因りて、推へ問ふ。辞既に実なり。太子は、是儲君たり、加刑すること得ず。則ち大娘皇女を伊予に移す。時に太子、歌して曰はく、

大君を　嶋に放り　船余り　い還り来むぞ　我が畳斎め　言をこそ　畳と言はめ　我が妻を斎め

又歌して曰はく、

天飛む　軽嬢子　甚泣かば　人知りぬべみ　幡舎の山の　鳩の　下泣きに泣く

大王の命で御膳に現れた異変の卜定が行われ、近親相姦が発覚する。ところが、軽太子は「儲君」という理由により刑の執行を免れ、皇女ひとりが伊予に流罪となる。皇権を汚す事件とはいえ、太子に刑罰を科さないという方針は允恭大王の権力の絶大さを証明するためには仕方がなかったのであろう。しかし、こうした記述のままでは廷臣を納得させることはできなかったのであり、書紀は太子による同質の性的事件を再び記すことにしたらしい。

（允恭四十二年）冬十月に、葬礼畢りぬ。是の時に、太子、暴虐行て、婦女に淫けたまふ。国人謗りまつる。群臣従へまつらず。悉に穴穂皇子に隷きぬ。爰に太子、穴穂皇子を襲はむとして、密に兵を

設けたまふ。穴穂皇子、復兵を興して戦はむとす。故、穴穂括箭・軽括箭、始めて此の時に起れり。時に太子、群臣従へまつらず、百姓乖き違へることを知りて、乃ち出でて、物部大前宿祢の家に匿れたまふ。穴穂皇子、聞しめして則ち囲む。大前宿祢、門に出でて迎へたてまつる。穴穂皇子、歌して曰はく、

大前　小前宿祢が　金門蔭　かく立ち寄らね　雨立ち止めむ

大前宿祢、答歌して曰さく、

宮人の　足結の小鈴　落ちにきと　宮人動む　里人もゆめ

乃ち皇子に啓して曰さく、「願はくは、太子をな害したまひそ。臣、議らむ」とまうす。是に由りて、太子、自ら大前宿祢の家に死せましぬ。一に云はく、伊予国に流しまつるといふ。

父大王の葬礼直後に再び太子が婦女に対して淫乱な事件を引き起こし、国人の謗りを受け臣下に見限られ、世間の期待が穴穂王子に傾いた。そこで太子は穴穂王子を襲撃しようとして兵器を整えたが、人臣が完全に自分を見限ったことをここで初めて悟り、物部大前宿祢の家に匿れた。穴穂王子が宿祢の家を取り囲んだので、宿祢は王子に対して太子の処分を自分に任せるように言い、太子を説得して自死させたとする。

みてきたように、『古事記』では軽太子の近親相姦の行為が身の破滅の原因になったとするのに対し、書紀は二度にわたる暴虐記事を載せることで、軽太子の生来の淫乱な性格を強調することにより王位に就くことができなかった事情を説明しようとしているように思われる。いずれの場合にも結果的には太子の

犯罪に結びつけられ後継者の地位を失った理由となっているのであるが、書紀の方は話柄が少し複雑になり、そのぶんだけ穴穂王子の即位の正当性を強める内容になっていることは否めないであろう。太子は最後には自死をもって罪を贖うことになったというわけであるが、書紀に引く一本の所伝では伊予に流罪したと記す。これは『古事記』允恭段を意識したものかも知れない。しかし、書紀編者にとっては自死・流罪いずれの結末もあまり興味のない問題であったのであろう。とにかく軽太子が破廉恥な行為を犯したことが後世に伝わればよいというわけなのであろう。

Ⅳ　物部大前小前宿祢

木梨軽太子の事件についてひと通りその筋書きをみてきたが、軽太子は允恭大王から次期王位継承者として嘱望されていた人物であったと考えてよい。前章でも述べておいたように、允恭大王は四世紀末から五世紀初頭にかけて成立したA・B二つの王統のうちB系譜の始祖というべき系譜的位置を占めた王族で、自身が王位をA系譜から強引に簒奪して即位したらしく、後継者も子息の中から予め選定して王位を世襲させようと目論んだ可能性が高い。しかし、父大王の意向に反いたのが穴穂王子であって、彼は大王没後に即位を狙って策動したとみてよいだろう。軽太子は弟穴穂王子との権力闘争に敗れて王位に就くことができなかった悲劇の王子であり、近親相姦の話は軽太子が即位できなかった事情、換言するならば穴穂王子が即位するに至った不自然な情況を説明するために捏造された虚構の物語であると推測できるのである。

では一体誰がどのような理由によりこのような話を造作したのであろうか。当話には重要な場面で「大前小前宿祢の大臣」・「物部大前宿祢」がいずれにも共通して登場し、太子がほかでもなく宿祢の家に逃げ込んでいること、さらに穴穂王子の要求に対して政治的に穏当な配慮と忠義の廷臣として太子の身柄を捕捉する役割を果たしていることが知られる。『古事記』にあっては宿祢が太子の身柄を捕えて穴穂王子に差し出しており、書紀は宿祢の説得により太子が自死に至るという違いはあるが、いずれにしても太子は事件後宿祢の家に逃れており、宿祢に身の庇護を求めようとした点に変わりはない。

それは物語の上では宿祢が窮地に陥った太子にとってはもっとも頼れる人物であったことを意味するが、太子を受けいれた物部氏の立場に立って言えば、宿祢の行為は窮地に陥った王族を広い器宇をもって庇いだてし、次には次期王位継承者に罪人を差し出して王権に忠義の誠を示す（恩を売る）という、廷臣としてきわめて優れた器量と行動を天下に示した人物という評判を得たことになるだろう。大前小前宿祢こそは脇役とはいえ、実のところこの物語の本当の立役者と言ってもよい立場にいる人物なのである。

『古事記』が「大前小前宿祢の大臣」と記し、書紀は「物部大前宿祢」と表記するこの人物の評価については、次の点を慎重に究明しなければならないと思う。その一つは、この人物の歴史的実在性に関わる「大前小前」「大前」という語句の意味であり、もとよりこれらは人名とは解し難いものである。二つ目は『古事記』が大前小前宿祢を「大臣」と呼んでいることであって、「大臣」という政治的地位が唐突にもなぜここに記載されているのかという疑問である。一般に大化前代の物部氏の氏上には氏名の次に「大連」の姓が記され、さらに大連という官に就任することが知られており、「大臣」を実際に名乗ることができたのは蘇我氏ほか建内宿祢の後裔氏族だけであった。ところがこの場合に限って「大臣」とあるのは変則の記述と言わねばならず、その理由を明らかにする必要があるということになる。

まずは第一の問題をみていこう。「大前小前」「大前」はいずれもオホマヘ・ヲマヘと訓むことができ、大王・天皇の御前に伺候するという意味で、大前は大王により近い身分と地位、小前はそれより少し遠い身分と地位を示し、六世紀の中葉頃に制度化された大臣（オホマヘツキミ）―大夫（マヘツキミ）制で言うと大前＝大臣・小前＝大夫にそれぞれが対応するであろう。そうすると、これらの語は大王・天皇の側近に伺候する執政官の地位・身分にあった普通名詞の人物を意味し、それに貴人の尊称であった宿祢を付していることになる。書紀は具体的に「物部大前宿祢」と記しているので、当該人物が物部氏の族長にして執政官の最高位にあった人物を想定していることが理解され、明確に特定固有の人名ではないことが判明する。人名のようになっているものの、その実は人名ではなく通称的な官職名のようになっているのである。

「物部大前宿祢」については、書紀の履中即位前紀に平群木菟宿祢・漢直祖阿知使主とともに天皇の危難を救出した廷臣としてその名が出ている。ただし、記事中に名前が記されているだけで特別顕著な働きをしたとは評価できないようであり、また履中記の同じ事件を記した文章には宿祢のことは記述がないので、大前宿祢の名は書紀編纂の最終段階に書き加えられた可能性が強い。

次に『先代旧事本紀』天孫本紀には物部氏の始祖饒速日命の十一世孫に物部大前宿祢連公と物部小前宿祢連公の兄弟があり、兄は安康大王の御世に大連から宿祢の姓に変わり、弟は顕宗大王の御世に大連から大宿祢となり、それぞれ石上神宮に奉斎したと伝え、ここでは二人の別々の人物であったとする。『古事記』の「大前小前宿祢」はあたかも二人の人物の合成語のような雰囲気を漂わせており、書紀の「大前宿祢」は別に「小前宿祢」の存在を暗示する名であり、物部氏の家伝には元来兄弟で記されていたものが、『古事記』『日本書紀』の編纂に際しては一人物の活躍に縮約されたとも考えられる。しかし、いずれにしても両者ともに伝承上の架空の人名であるとみて大過がないであろう。

次に、『古事記』が「大前小前宿祢の大臣」と記している件についてであるが、この「大臣」は廷臣中の最高位の執政官つまりオホマヘツキミを意味する語であるから、「大前小前」の意味と重複しており、当該人物が高い政治的地位・身分にあったことをことさらに強調しようとしていることは明らかであろう。

大化前代に「大臣」位に昇った氏族には建内宿祢の後裔系譜に連なる諸氏族があり、とりわけ物部氏と活躍した時期が重なり、また蘇我大臣・蘇我大臣家と対立し滅亡させられた勢力こそは物部本宗家であった。そこで、この場合の「大臣」は蘇我大臣家に対して強い対抗意識を燃やした物部氏の族長で「大臣」位に就いた人物は事実上存在しないわけであるから、大化前代ではなく大化後の「大臣」や律令制の「大臣」を踏まえた記載がここに現れた蓋然性があるのではないだろうか。「大臣」の語が唐突に出現することがこのような想定を導くのである。

周知のように、物部氏は五八七年の丁未戦争で物部大連守屋の一族がほぼ全滅することにより大きく衰退した。その後、物部氏で政界に復帰した人物として知られているのは孝徳朝の「衛部大華上物部宇麻乃

(呂)」であり、彼は「泊瀬朝倉朝庭の大連物部目の後」であるとし、養老元年三月に薨じた「左大臣正二位石上朝臣麻呂」の父であるという(『続日本紀』養老元年三月三日条)。物部氏はこのようにして徐々に大化前後の時期から再び退勢を盛り返し、麻呂が壬申の乱において大友王子の側近に終始随従し、王子の最期をみとった人物であることがその後の栄達をもたらす契機となった可能性が高いであろう。

男依等、近江の将犬養連五十君及び谷直塩手を粟津市に斬る。是に、大友皇子、走げて入らむ所無し。乃ち還りて山前に隠れて、自ら縊れぬ。時に左右大臣及び群臣、皆散け亡せぬ。唯し物部連麻呂、且一二の舎人のみ従へり。

(『日本書紀』天武元年七月条)

これとは別に、書紀の大化元年九月条に物部朴井連椎子らが古人大兄王子の謀反に加担した事件のことがみえているが、椎子(鮪)は斉明四年十一月の有間王子事件に際して蘇我赤兄の指示を受け王子を逮捕する役割を果たしており、政界の裏面を泳ぎ回る没落氏族の動向を窺うことができる。さらに、壬申の乱で初発から大海人王子に舎人として仕え、天武五年六月に死去した物部連雄君は当時において朴(榎)井連の族長であったらしく、死没記事には東国における大功によって内大紫位を贈られ氏上を賜ったとあるので、天武朝には枝氏の榎井氏が麻呂の一族よりも優勢であった模様である。

天武十三年十一月、物部連は八色の改姓に当たり朝臣の姓を授けられ、その後の早い時期に氏称を本拠地に所縁のある石上と改めて石上朝臣を名乗るようになる。榎井氏もおそらく同時に朝臣姓に預かったようであるが、ここで注目されるのはやはり右に指摘した麻呂の昇進の次第であろう。彼の天武朝以後の経歴を閲すると次のようになる。

・天武五（六七六）年十月　大乙上物部連摩呂を遣新羅使と為す
・天武六（六七七）年二月　物部連摩呂帰朝する
・天武十（六八一）年十二月　物部連麻呂に小錦下を授く
・朱鳥元（六八六）年九月　直広参石上朝臣麻呂、殯宮に法官の事を誄す
・持統三（六八九）年九月　直広参石上朝臣麻呂を筑紫に遣して位記を送り、新城を監する
・持統四（六九〇）年正月　元日朝賀の儀で物部麻呂朝臣大盾を立つ
・持統六（六九二）年三月　伊勢行幸に随行する
・持統十（六九六）年十月　直広壹石上朝臣麻呂に資人五十人を賜う
・文武四（七〇〇）年十月　直大壹石上朝臣麻呂を筑紫総領と為す
・大宝元（七〇一）年三月　中納言直大壹石上朝臣麻呂を正正三位に叙す
　正正三位石上朝臣麻呂を大納言と為す
・大宝元（七〇一）年七月　左大臣多治比真人嶋の第に弔賻使として派遣さる
・大宝二（七〇二）年八月　正三位石上朝臣麻呂を大宰帥と為す
・大宝三（七〇三）年閏四月　右大臣阿倍朝臣御主人の弔賻使と為す
・慶雲元（七〇四）年正月　大納言従二位石上朝臣麻呂を右大臣と為す

食封二千一百七十戸を賜る
・和銅元（七〇八）年正月　従二位石上朝臣麻呂を正二位に叙す
・和銅元（七〇八）年三月　右大臣正二位石上朝臣麻呂を左大臣と為す
・和銅元（七〇八）年七月　天皇の御前に召され勅旨を受ける
・和銅三（七一〇）年三月　平城遷都により石上朝臣麻呂は留守司に任ぜられる
・養老元（七一七）年三月　左大臣正二位石上朝臣麻呂薨ず。従一位を贈られる。時に歳七十八

右の経歴から物部麻呂は舒明十二（七四〇）年の生誕で、天武朝の末期頃からようやく政界で頭角を現し始めたことがわかる。興味深いのは持統四年正月に行われた元日朝賀の儀では旧氏姓物部を名乗っていることであり、朝儀を令前の名負の職掌で奉仕したことは、物部一族の直系子孫を標榜し過去の栄光を強烈に意識する場面であったと推定される。

その後順調に中納言・大納言の官歴を経た麻呂は慶雲元年には右大臣となり、和銅元年にはついに左大臣に任命され廟堂のトップの地位に立った。和銅三年の平城遷都において左大臣でありながら故京の留守司に任ぜられたことは、老齢の麻呂の左大臣がすでに名誉職のようなものになっていたと指摘されてもいるが、麻呂の大臣就任は往年の物部大連の再現・再興とも意義づけられた盛儀であったし、何によるものか明らかではないが、麻呂は「百姓追慕し、痛み惜しまざる無し」と特記されるほどの風格を備えた人物だったらしい。

左大臣正二位石上朝臣麻呂薨。年七十八。帝深悼惜焉、為之罷朝。詔遣式部卿正三位長屋王、左大弁従四位上多治比真人三宅麻呂、就第弔賻之、并贈従一位。右少弁従五位上上毛野朝臣広人為太政官之誄、式部少輔正五位下穂積朝臣老為五位以上之誄、兵部大丞正六位上当麻真人東人為六位以下之誄。百姓追慕、無不痛惜焉。大臣、泊瀬朝倉朝庭大連物部目之後、難波朝衛部大華上宇麻乃之子也。

（『続日本紀』養老元年三月三日条）

そして、推考するに麻呂の現職「大臣」位こそが『古事記』の「大前小前宿祢の大臣」に直接反映しているのではないかと思うのである。すなわち、允恭朝の木梨軽太子の事件に登場する大前小前宿祢の「大臣」は、石上（物部）朝臣麻呂の分身とも言うべき系譜上の虚構の祖先なのではなかろうか。

周知のように、『古事記』『日本書紀』の編纂は天武朝から始まっている。書紀は天武十年三月に勅命を受けた川嶋皇子・忍壁皇子・広瀬王・竹田王・桑田王・三野王・上毛野君三千・忌部連首・阿曇連稲敷・難波連大形・中臣連大嶋・平群臣子首らのメンバーによって、「帝紀及び上古の諸事」の記定という形で開始された。持統五年八月には十八の有力氏族に命じて「其の祖等の墓記」を進上させているが、石上氏がその中に含まれているのは石上氏の祖先に当たる物部氏の系譜や家伝が編纂のための材料として提出されたことを意味し、その時期にはすでに麻呂が有力な廷臣として政界で名を馳せていた。

木梨軽太子事件のストーリーはすでに旧辞の中に一定の筋書きをもって存在していたことも考えられるが、強硬手段により権力の簒奪を図った穴穂王子の即位を正当化するため新たに創作された話であったかも知れない。物部氏は大化前代から刑罰のことを専職とする負名の物部集団を組織しており、さまざまな刑事犯罪の記録を保持していたと考えてよい。木梨之軽王を貶めるためにありもしない近親相姦事件の物語をでっち上げるくらいのことは簡単にできたのではなかろうか。話の内容が天皇家の歴史上にあってはならない汚点的性質のものであり、このような忌まわしい事件を進んで記載した伝記などは存在しなかったと考えられるからであり、さらに、政治的窮地に陥った王族が有力な臣下の第宅に逃げ込んだと伝える物語が雄略朝の眉輪王の事例としてあり、圓大臣が「未だ君王、臣の舎に隠匿るるをば見ず」と断言しているからである。こちらの事件は史実に基づくものであるらしいので、軽太子の物語は後から書紀に挿入されたとしか言えないからであり、ストーリーそのものは石上氏が提出した家伝に記されていたものが採択されたのではあるまいか。

他方、『古事記』は天武天皇が舎人稗田阿礼に命じて「帝紀・旧辞」なるものを素材にまとめられたらしいが、安康記に記す目弱王事件について、都夫良意美が「往古より今時に至るまで、臣連の王の宮に隠ることは聞けど、未だ王子の臣の家に隠りまししを聞かず」と記しており、軽太子事件のことを無視した発言になっていて、書紀と同様に事件を描いた伝記が編纂段階の途中で新たに挿入された事情のあったことを示唆している。

『古事記』の編纂は天武没後いったん停止される事態となったらしく、その最終的な完成は、序文によると和銅四年九月に元明女帝の詔命を受けた多朝臣安麻呂の手で行われ、和銅五年正月に撰録献呈された。和銅年間に石上朝臣麻呂は大臣位にあり、書紀と同様に軽太子事件の一件を挿入・記定させる影響力を行使する立場にあったと考えられ、とりわけ「大臣」の語を特筆しているのは多安麻呂のひそかな配慮を想定させるものであると考えられる。

それでは、石上朝臣麻呂はどういう意図と目的の下に軽太子事件の記定にこれほどこだわったのであろうか。筆者としては石上氏すなわち物部氏の蘇我氏に対する意趣返しという行為が根底にあるものと推察する。丁未戦争で滅亡させられた物部大連家の後裔として、また崇仏派の蘇我氏に対してことごとく反対の態度をとり、祖先が最大の仏敵という何にも代えがたく忌まわしいレッテルを張られた麻呂としては、すでに過去の存在と化していた蘇我大臣家に対していわば仇敵への返り討ちという行為をこの物語の中でひそかに果たそうとしたのではないかと推測するのである。

軽太子は物語の中において不名誉で忌まわしい行為をやった張本とされ、即位の座から追い落とされただけではなく、物部大前小前宿祢の見事なとりなしにより流罪となって遂には自死に追い込まれ、結果として後裔の子孫がまったく存在しないという惨めな状態に追い込まれたのである。つまり、軽太子とその事績・系譜を徹底的に貶め糾弾することが、蘇我氏に対する物部氏の積年の遺恨を解消する手段となっていると推測するのである。どうしてそのように言えるのかというと、実のところ蘇我稲目の祖先が軽太子であったと憶測されるからである。すでに指摘しておいたように、稲目や馬子ら蘇我大臣家の真実の祖先系譜は『古事記』『日本書紀』からは完全に削除されてしまっていると考えられ、そこに記載されているのは蘇我本宗家の枝氏であった石川氏が案出した蘇我石川臣一族の祖先系譜なのであり、しかもそれは実体に乏しい造作された架空の祖先系譜であって信憑性がなく、稲目の真実の出自や素姓はまるでわからないようになっているのである。

蘇我稲目の本当の先祖は允恭大王の王子木梨之軽王で、その曾孫に当たるのが稲目であったのではなかろうか。すなわち稲目は允恭大王の系譜につながる王族であり、大王の長子であった軽太子の三世孫であると憶測されるのであり、石上朝臣麻呂はその歴史的事実を抹殺するためにあらぬ話を造作し、蘇我本宗家の真の系譜を隠匿する役割を積極的に果たしたのではなかろうか。凶賊のレッテルを張られた蘇我大臣家の系譜を歪曲しようとする麻呂のその目論見は、国史編者なら誰でも賛同できる性質のものであったし、麻呂の行為に異を唱え妨害しようとする者は当時誰ひとりとして存在しなかったであろう。

V　穴穂天皇と穴穂部皇子

穴穂天皇とは安康大王のことである。兄の軽太子にとって代わって王権を簒奪し即位した大王である。その即位をお膳立てしバックアップしたのが物部大前小前宿祢であったと記すのが軽太子事件であった。前節に披瀝した筆者の推論によれば、軽太子はまさしく蘇我稲目の系譜上の先祖ということになる。『古事記』『日本書紀』が伝える軽太子事件には物部対蘇我の対立と物部による蘇我の巧妙な族滅という政治的構図がひそめられており、穴穂大王は物部の忠義の働きによって自分で手を汚すことなく晴れて即位することができたのだという内容になっている。

しかも、こうした事件の筋書きとは正反対の内容になっているのが、敏達大王の没後から始まり用明大王の病死の直後に及ぶ一連の事件・紛争である。まず、物部と蘇我の対立は敏達大王没後の殯宮儀礼において顕在化する。書紀はその模様を次のような記述で伝えようとしている。

天皇、病弥留りて、大殿に崩りましぬ。是の時に、殯宮を広瀬に起つ。馬子宿祢大臣、刀を佩きて誄たてまつる。物部弓削守屋大連、听然而咲ひて曰く、「猟箭中へる雀鳥の如し」といふ。次に弓削守屋大連、手脚揺き震ひて誄たてまつる。馬子宿祢大臣、咲ひて曰はく、「鈴を懸くべし」といふ。是に由りて、二の臣、微に怨恨を生す。

（『日本書紀』敏達十四年八月条）

守屋大連と馬子大臣とが大王の殯宮の場で互いに誄の様子を見てあざ笑い誇り合う場面を描いている。誄申す儀礼は実権を握っていた大臣蘇我馬子から始められた模様である。刀を佩いたままで儀礼に臨んだ馬子の姿を嘲笑いながら、守屋は「猟箭が命中した雀鳥のようだ」と言った。猟箭は軽太子事件で太子が装備した武器の名として出ていた「軽箭」に通じるものがある。

他方、なぜかわなわなと身体を震わせながら誄を唱えた守屋に対し、馬子は「鈴を懸けたらどうか」と応酬しているのだが、守屋大連が殯宮儀礼の場で「手脚揺き震ひ」とあるのは、大連が精神的に何かを畏れたための不覚の行動であったわけではないだろう。そうではなく、本来は殯宮における儀礼的な所作と解すべきもので、書紀編者はそれを格好の材料として蘇我馬子対物部守屋の対立関係を象徴する説話風の文章に書き換えているのである。ところで、鈴のことは軽太子の物語に挿入されている次の歌にも出てくるのである。

爾に其の大前小前宿祢、手を挙げ膝を打ち、舞ひ訶那伝、歌ひ参来つ。其の歌に曰ひしく、

宮人の　脚結の子鈴　落ちにきと　宮人とよむ　里人もゆめ

【宮人が脚帯に着けている鈴が落ちたといって上下の人々が騒ぎ立てている】

（『古事記』允恭段）

右に記す大前小前宿祢の所作、つまり「手を挙げ膝を打ち、舞ひ詞那伝、歌ひ参来つ」という動作・歌舞がいかなる宮廷儀礼と関係するものかは明らかではないが、激しく歌い舞う動作が鈴音と鈴の脚帯からの落下の原因となったであろうことはみやすい。右の歌は宮人振という宮中の饗宴などで盛んに披露された歌舞に伴う歌謡であったらしく、断言はできないが、大王らの誄儀礼で大連の「手脚揺き震ひ」と記された所作の伝記が、右の軽太子の物語における大前小前宿祢の行為と関連しているのではなかろうか。

次に、殯宮の儀礼において死者を悼み「哭き悲しむ」のは当然のこととは言え、それとは逆の「咲ひ」という行為ももとより禁止事項ではなかった。天照大神が天の石屋戸に隠れ高天原と葦原中国とが暗闇となりあらゆる禍いが起きた時、天宇受売命が神がかりして特殊な歌舞を行うと、「高天の原動みて、八百万の神共に咲ひき」とあるように、「歓喜び咲ひ楽ぶ」という行為は死者の霊魂を振起させる呪法のひとつで、右の儀礼に大臣・大連両者が互いを笑い合ったとされるのも喪葬儀礼の習俗が反映したもので、そのことが両者の怨恨の原因となったと記すのは、儀礼をネタにして両雄の政治的対立という筋書きに歪められたためであろう。

ところが、興味深いのは「咲ふ」という行為が軽太子事件にも取り上げられて出てくることで、しかも大前小前宿祢が穴穂王子の焦燥に逸る行為を諫める言辞の中で重要な働きをしているのである。

「我が天皇の御子、伊呂兄の王に兵をな及りたまひそ。若し兵を及りたまはば、必ず人咲はむ。僕捕

へて貢進らむ」とまをしき。（『古事記』允恭段）

宿祢は穴穂王子が血気に逸って兵を使用すれば兄弟の紛争を人々が「笑はむ」ということに不名誉なことになると言っている。これこそは臣下の忠義の最たる行為であると考えられ、穴穂王子が後世において不名誉な評判を立てられないように私自らが兄を捕えて差上げましょうと言っているのである。ここでの笑いは呪術的な儀礼とは無関係なもので、むしろ君王たるべき者の儒教的な徳との関連で王子を戒めているのであるが、書紀の次の文章は反対に蘇我馬子が君王たるべき者の行動を穴穂部皇子に説き聞かせていることがわかる。

蘇我馬子宿祢、外にして斯の計を聞きて、皇子の所に詣でしかば、即ち門底に逢ひぬ。皇子の家の門を謂ふ。大連の所に之かむとす。時に諫めて曰さく、「王たる者は刑人を近つけず。自ら往すべからず」とまうす。皇子、聴かずして行く。馬子宿祢、即便ち随ひて去きて磐余に到りて、行きて池辺に至るぞ。切に諫む。皇子、乃ち諫に従ひて止みぬ。仍りて此の処にして、胡床に踞坐げて、大連を待つ。（『日本書紀』用明元年五月条）

穴穂部皇子は敏達大王の殯宮に奉仕している炊屋姫皇后を奸そうとして強引に殯宮に押し入ろうとした。それは皇子が次期大王位を狙っての行動であった。しかし、殯宮を守衛していた三輪君逆に阻止されて逆上した王子は、大連物部守屋と図って逆を殺そうとしたのである。このことを聞いた大臣蘇我馬子はわざわざ王子の家まで出かけ自ら人殺しを犯すような無徳の行為を止めるように諫めたが、なお王子は出発しようとしたので、磐余まで王子に同伴してなお激しく諫めたので王子はようやく怒りを抑え守屋大連の復命を待ったとされる。その後、大連がやって来て復命する。

大連、良久しくして至れり。衆を率て報命して曰さく、「逆等を斬し訖りぬ」とまうす。或本に云はく、穴穂部皇子、自ら行きて射殺すといふ。是に、馬子宿祢、惻然み頽歎きて曰はく、「天下の乱は久しからじ」といふ。大連、聞きて答へて曰はく、「汝小臣が識らざる所なり」といふ。

守屋大連と馬子大臣のやりとりはまさに一触即発の危機を醸し出す。馬子の歎きの言葉に対し、守屋は「お前の如き小臣（コマヘツキミ）の預かり知ることではないわ」と吐き捨てた。コマヘツキミとは「小前宿祢」の意味であることは言うまでもない。また、右の文章には或本の註記があり、穴穂部王子は自ら逆を射殺したとする別伝をわざわざ書き遺している。守屋がやったのか王子が自ら手を下したのかいずれが真実なのかはわからないが、いずれにせよここでは穴穂部王子・物部大連二人の連帯しての無徳無道の所業が強調して描かれているのであり、敏達大王の寵臣であった逆を殺した結果「炊屋姫皇后と馬子宿祢と、倶に穴穂部皇子を発恨む」ということになり、守屋は「元より余皇子等を去てて、穴穂部皇子を立てて天皇とせむとす」（崇峻即位前紀）とあり、蘇我馬子の決断によって穴穂部王子の暗殺と物部守屋大連一族の滅亡に帰結するのである。

右の一連の筋書きの中で蘇我馬子が穴穂部王子の行為を厳しく諫めているのは、軽太子事件で物部大前小前宿祢が穴穂王子を諫める役回りを果たしたのとまさしく正反対のことのように描かれているのであり、しかも諫められたのが奇しくも穴穂部王子と穴穂王子（穴穂天皇）というように同じ名の王族なのである。おそらく穴穂部王子の方は欽明天皇の実在の王子とみられるが、穴穂王子（安康天皇）は偶然に同名であったのか、あるいは何らかの理由により穴穂部王子と同名に仕立て上げられたのではないかとも推測できるのである。

安康大王は倭の五王のうち倭王済の「世子興」に比定されている王であり、帝紀にも例外なしに「穴穂」とあるので伝記に疑わしい点はないものと考えられるが、その王宮が「石上穴穂宮」というように地名として伝えられているために、穴穂が大王自身の本当の諱（実名）であったと断定するには躊躇される部分があるのである。と言うのも石上は石上朝臣麻呂の居宅の地であったので、彼の都合で安康大王の名が穴穂部王子に似せて語り出された蓋然性を想定しなければならないためである。もしそうならば、五世紀の大王の名にも造作・潤色の手が及んでいることを改めて認識しなければならなくなるだけではなく、安康大王自体の実在性に疑問符が付くのではなかろうか。

ここまでの叙述で筆者は穴穂王子を木梨軽太子の実在の弟とみなして事件を分析してきたが、穴穂王子は石上大臣の策謀のために創作された虚構の人物なのではないかという疑念がにわかに湧き起こってくるのである。石上大臣は軽太子の非行と没落を描くための手段として穴穂王子なる虚偽の当て馬を創り出したのであり、実在の倭王「世子興」とは水野祐が早く指摘していたように木梨軽太子のことと考えてよいのではなかろうか。

さて、そろそろ結論めいたことを述べる時が来たようである。大前小前宿祢が自分の手の内に逃げ込んできた軽太子を巧みに庇護し、やがては太子を自死に追い込んで穴穂王子を即位させる露払いの役回りをしたという話の筋書きは、巧妙にも物部氏が蘇我氏の直系の先祖を死に追いやり、その系譜を断絶させるのに重要な役割を果たしたことをひそかに暗示させようとして造作された一篇の説話である。それは歴史的な事実ではなく、大臣蘇我馬子との政治的闘争に敗れて滅亡した物部大連守屋一族の怨恨を晴らそうと策した石上朝臣麻呂の野望の所産と解すべきものである。

麻呂は進行しつつあった国史の編纂事業において、敏達大王没後に起きた蘇我・物部両氏の対立と闘争の経緯を記した書紀の伝記、すなわち自氏が提出した物部の家伝や三輪・石川氏などの家伝、あるいは宮廷に伝わっていた記録伝承などを素材として書き進められていた伝記にヒントを得て、木梨之軽太子をめぐる悲劇の物語を新たに創作し、現任の大臣という権限と地位とを利用してその物語を『古事記』『日本書紀』の当該場面に挿入し定着させることに見事に成功したのではないだろうか。

考えてみるに、軽太子が近親相姦の罪を犯して没落したとする話は、安康大王が大草香王子を滅ぼした上で実姉長田皇女を強引に己が皇后に策立したと伝える残虐無徳の行為と類似しており、先ほど述べた両者の関係を勘案するならば、むしろ軽太子こそが允恭大王の後継者となって子孫を残した可能性が高く、おそらく軽太子の曾孫こそが蘇我稲目その人であったと推定されるのである。木梨之軽太子はその名からも軽の地に居所を構えていたことが推定される。その王宮が子孫に伝領されて稲目の居宅「軽の曲殿」と呼ばれたと推測できる。

軽太子は実妹軽大郎女と近親相姦の罪を犯したとされたのだが、その話は太子の父母である允恭大王と藤原之琴節郎女との熱愛の伝記にヒントを得て創作された虚偽の物語であった。琴節郎女は更名を衣通郎姫とも伝承されているように絶世の美女であったので、物語の作者はこれを利用して軽太子にまつわる空想上の説話を作ったのであり、軽大郎女という王女自体は軽衢の歌垣の伝承上のヒロインなのであって実在しない女性とみなすべきである。それよりも重要な事実は、允恭大王（遠飛鳥宮）・軽太子（軽）・藤原之琴節郎女（藤原）らの居所がみな飛鳥の西方から西北方に近接する地域に所在したことである。蘇我氏の起源はまさにこの地域にあったと言うべきなのである。

第五章　蘇我氏とは何か

I　蘇我本宗家の専権・専断

『日本書紀』には蘇我本宗家に絡む数々の専制的な行為が各所に記載されている。書紀は蘇我本宗家を悪逆の臣の象徴的な存在、国政を専断し王権を蔑にした逆賊の典型として描き出し、最後には大王位をも狙い王権簒奪を図ったため乙巳の変により滅亡するに至ったとする。蘇我本宗家の滅亡により王権は本来の支配権を取り戻し君臣の秩序を回復することができ、大化の政治改革を断行して天皇による真の国土統治を軌道に乗せることができるようになったとしている。すなわち、書紀における蘇我氏の歴史とは、王権に寄生して権勢の絶頂に至った悪逆の臣がどのようにして形成され、いかなる暴虐・無礼な数々の行為を行ったのか、その結果どのような形で誅滅されるに至ったのかを書き記したもの、つまり逆賊滅亡物語の模範と言えるのである。

しかし蘇我本宗家は最初から逆臣として描かれているのではない。すでに第一章でも跡付けたように、稲目以前の蘇我氏は武内宿祢の後裔に位置づけられ大夫クラスの氏族として描かれていた。ただし、検討の結果として蘇我石川宿祢・満智・韓子・高麗らの事績は具体性に欠け、それらが蘇我倉氏の手で造作された伝記に基づく偽系譜であることはすでに指摘しておいた。書紀は蘇我本宗家の真実の出自と系譜を隠蔽していると考えられるので、稲目以前のことをここでは再び取り上げる必要はないだろう。稲目が大臣に就任したところから蘇我の悪逆の歴史が本格的に始まるとみてよい。

そこで、書紀は蘇我本宗家の専権・専断についてどのような行為を具体的に指しているのかを検討してみることにしたい。ただし、例えば推古二十年正月の饗宴や祥瑞に関わる記事をはじめ他にもさまざまな事例を加えることができるのであるが、以下には特別に重要と考えられる十九の事項・事件を列挙し、稲目・馬子・蝦夷（入鹿は蝦夷と同時期とみておく）と順を追って詳しく私見を披瀝していくことにする。

①　用明天皇の擁立と即位　〔用明即位前紀〕
②　穴穂部皇子・宅部皇子の殺害　〔用明二年六月〕
③　物部大連守屋一族の滅亡　〔用明二年七月〕
④　崇峻天皇の暗殺　〔崇峻五年十一月〕
⑤　推古天皇の擁立と即位　〔崇峻五年十一月〕
⑥　冠位十二階制の施行　〔推古十一年十二月〕
⑦　堅塩媛の檜隈大陵への改葬　〔推古二十年二月〕
⑧　天皇記・国記の編纂　〔推古二十八年是歳〕
⑨　葛城県の要求　〔推古三十二年十月〕

⑩　境部臣摩理勢一族の滅亡　〔推古三十六年九月〕
⑪　大臣蝦夷、大派王の提言を無視する　〔舒明八年七月〕
⑫　入鹿の国政専断記述　〔皇極元年正月〕
⑬　大臣蝦夷、百済の翹岐を自邸に招く　〔皇極元年四月〕
⑭　大臣蝦夷、帰服の蝦夷を自邸に招く　〔皇極元年十月〕
⑮　大臣蝦夷、葛城高宮に祖廟を建てる　〔皇極元年是歳〕
⑯　大臣蝦夷、百八十部曲・上宮乳部を使役し双墓を造る　〔皇極元年是歳〕
⑰　大臣蝦夷、入鹿に紫冠を授け大臣に擬す　〔皇極二年十月〕
⑱　上宮王家の滅亡　〔皇極二年十一月〕
⑲　大臣蝦夷・入鹿の邸宅を王宮とし城塞化する　〔皇極三年十一月〕

ただ、本論に入る前に右の表について予備的に重要な問題を指摘しておきたい。それは項目⑫である。これは入鹿にまつわるある個別的な事件を書き記したものではない。皇極朝に顕在化する入鹿の専制政治を予め簡単に論評し概括した文章なのである。しかし、短文であってもそれはきわめて象徴的な内容になっており、これ以前と以後の歴史との間の断層を明別しようとする書紀編者の強い歴史意識が現れていると思われる。今それを引用すると次のようになる。

皇后、即天皇位す。蘇我臣蝦夷を以て大臣とすること、故の如し。大臣の児入鹿、更の名は鞍作。自ら国の政を執りて、威父より勝れり。是に由りて、盗賊恐慴げて、路に遺拾らず。

（『日本書紀』皇極元年正月条）

最初に皇極大王の即位と蘇我蝦夷の任大臣を通常の形式で記し、唐突にもその後に入鹿の専権を厳しく非難する文言を挿入しているのである。実際の国政専断は蝦夷・入鹿父子によって行われたことなのだが、入鹿だけが大きくやり玉に挙げられている。書紀編者が大王即位記事の部分にわざわざこのような文章を書き加えたのには何らかののっぴきならない理由があったはずであり、これは書紀が蘇我大臣家の王位簒奪の計画と経緯とを皇極大王の御世に集中して書き記すという特異な意図を示すものと解され、実体としても皇極朝において蘇我大臣家はそれまでにない画期的・飛躍的な政治的指向性を打ちだしたものと考えられるのである。

それはつまり皇極大王の存在を軽視しての王政の執行という事態である。皇極大王は前大王の大后という資格を理由にして蝦夷の独断的恣意により擁立されたとみるのが妥当であるが、蘇我大臣家は稲目以来の大王の臣としての自己をここでかなぐり捨て、公然と大王に代わって王権を行使し始めるのである。言うまでもなく蘇我の専制政治を正当化し肯定するもの、あるいはそのことを曲がりなりにも臭わすような記述は書紀の中には何一つないわけであるが、蘇我の起源が五世紀の王統譜につながる王族であるという潜在的な意識がついにここで公然化し、蝦夷・入鹿は自らを大王・王族に見立てて権力を行使するようになったと推定されるのである。

このことはいわば二つの王統、すなわち欽明大王を基点とする王統と大王允恭に血筋でつながるより成立の古い王統とが、あからさまに競合する事態が皇極朝において急激に生じたと考えなければならないであろう。書紀はあくまでも恣意的に行われた蘇我大臣家の政治的変身を認めず、かつて欽明大王に対し蘇我を氏名として臣従した稲目の事績をもって逆賊史観を貫こうとしているのであるが、改新派が乙巳の変という暴力的手段を行使し蝦夷・入鹿を抹殺しなければならなかった理由は、蘇我の目指す王政が欽明王統を障害とし排除しようとする切迫した情況が生まれていたためであろう。書紀編者はその元凶を入鹿（鞍作）ひとりに的を絞って厳しく非難しているのであり、蝦夷を主な攻撃対象から外したのは彼が大王に就任した事実を隠すためであったと考えてよいであろう。蝦夷を批難するための余計な作文は真実を暴露する重大な要因になるとみられたに相違ない。

Ⅱ　蘇我稲目の登場

『日本書紀』欽明三十一年三月条に「蘇我大臣稲目宿祢薨せぬ」と記す。稲目の死について『扶桑略記』欽明三十一年三月条には、「大臣蘇我宿祢稲目、年六十にして薨せぬ。官に在ること三十五年。二代の朝を歴たり」と伝えている。欽明三十一年は五七一年であるから、享年六十というのが事実だとすると彼の生誕は五一二年ということになる。書紀は稲目が大臣に任命された年を宣化元（五三六）年としているので、稲目は二十五歳の若輩で大臣に選ばれたことになり、伝承にかなりの無理があるとも言える。彼はもう少し早く継体朝の初年頃には生まれていたのではないかとも考えられるが、彼の娘たちの入内の時期からみて右の伝記にはほとんど矛盾がないので、やはり生まれつき峻英の人物であったとすることができそうである。

本章冒頭に記載した表によると、蘇我の専断・専権に関わる事項には稲目の時期のものはひとつも見当たらない。この時期には大伴・物部・和邇などの有力氏族が朝廷の覇権を掌握しており、蘇我大臣家は新しく合議体制の一角に加わったばかりであったから、専権を行使する条件は何もなかったのである。稲目には三人の娘堅塩媛・小姉君・石寸名がおり、前二人はいずれも欽明大王の後宮に迎えられ多くの子女を儲けるが、入内の時期は早くても五四〇年代後半期とみられ、大王家との外戚関係の成立が稲目の権勢を急激に強化する方向に働いたとは言えないようである。

さて、本書においてこれまで筆者は蘇我稲目の素姓・出自について五世紀の王統譜につながる王族の子孫ではないかと想定する議論を展開してきた。筆者の考える稲目の祖先系譜を具体的に系図で表してみると次のような形になると考えるのである。

〔B系譜〕

サホヒコ王
　├─ 允恭大王 ─┬─ 木梨之軽王 ── ○○王 ── ○○王 ── 蘇我稲目
葛城磐之媛　　　　└─ 大泊瀬王子（雄略大王）─ 白髪王子（清寧大王）

蘇我稲目はアサヅマワクゴ王＝允恭大王の長子木梨之軽王に出自する王族の後裔と考えられるのである。今のところ遺憾ながら木梨之軽王の子・孫に当たる王族の名を明らかにすることができず、おそらく彼らは王を称し軽の地に居住し続けていた蓋然性が高い。稲目はその王邸「軽の曲殿」に出生したと考えてよい。

ところで、すでに周知のようにB系譜の王統は雄略大王の一子白髪王子の夭逝後に断絶し、左に示したA系譜の子孫によって王統が維持されることになる。

〔A系譜〕

クメノイサチ
├ ホムツワケ王
│ ├ 大草香王子 ― 眉輪王 ― ウシ王 ― ヲホト王（継体大王）
│ │ 　　　　　　　　　　　　　　　　├ 欽明大王
│ └ 市辺押歯王 ― オホシ王（仁賢大王） ― 手白香王女
└ ミズハワケ王（反正大王）
女王サホヒメ

周知のように、A系譜もB系王族との権力闘争に巻き込まれたため系譜断絶の危機に陥るが、大伴・物部・和邇らの王統護持勢力の働きによってかろうじて系譜を維持した模様である。とりわけ、継体大王の祖先系譜についてはさまざまな議論があって今日でもなお結論が得られていないが、筆者は最近の拙著『継体天皇と王統譜』で検討したように、右の系図に示したホムツワケ王の血脈につらなる王族とみている。当時大王を出す王統譜は明確にA・B二流の系譜に固定しており、地方の豪族が王位に就くなどという事態は想定することができないのである。

そして、おそらく継体大王の擁立をめぐる政治的動向の中で、その対抗馬ないしは王位継承候補として注目を集めたのが蘇我稲目の父に当たる王族であったのではなかろうか。筆者の復原系譜によれば継体大王はホムツワケ王の四世孫であり、稲目の父も允恭大王の四世孫に推定できることになり、世系の点からいうと両者はほぼ同格であったと言える。しかし、継体は即位以前から前大王の女子である手白香王女を娶りすでに欽明を儲けていたこと、丹波にいた倭彦王以外に継体と競合したと推定される王名が文献史料に伝えられていないこと、もっとも肝心な稲目の父王の名が不明であることは、このような私見が成り立ち難いことを意味するだろう。

そこで別に次のようなことを想定したい。それは継体大王の後継者問題をめぐる辛亥の変と呼ばれる何らかの政変と朝廷の分裂に関わる問題である。喜田貞吉や林屋辰三郎らは継体の即位事情が謎を孕んでいること、継体の後継者に関わる書紀の伝記に不審を誘う記述があることなどから、継体大王と尾張連の娘目子媛との間の子安閑大王・宣化大王を支持する勢力と、同じく継体大王と手白香王女との間に生まれた欽明大王を支持する勢力との軋轢・紛争を想定しており、その後研究者の間でさまざまな論議がくり返され種々の臆説が生まれたがなお未解決のままである。書紀は本文で継体大王が甲寅年（五三四）に崩御したと記しながら、わざわざ「百済本記」の伝に依拠して辛亥の年すなわち五三一年に次のような事変が起きたことを記載している。

而るを此に二十五年歳次辛亥に崩りましぬと云へるは、百済本記を取りて文を為れるなり。其の文に云へらく、太歳辛亥の三月に、軍進みて安羅に至りて、乞乇城を営る。是の月に、高麗、其の王安を弑す。又聞く、日本の天皇及び太子皇子、倶に崩薨りましぬといへり。

（『日本書紀』継体二十五年十二月条）

右の「百済本紀」に記載する伝聞によると、時の大王とその後継者である「太子の皇子（一人の人物と解釈する）」が共に死没したというのである。『古事記』は継体大王の死没を丁未年（五二七）のことと記し、私はその蓋然性がきわめて高いと考えているので、ここの天皇を継体ではなく安閑大王または宣化大王に比定することができ、平子鐸嶺が説いているように太子の皇子を宣化大王の子（書紀には孺子と記す）と考えることも可能であろう。安閑大王・宣化大王の治世は両者を合わせても五二七年から五三一年と短かったらしく、辛亥年に宣化父子を暗殺する政変が起きたのではなかろうか。政変の具体相は不明であるが、この年に欽明大王の即位を伝える伝承があるということは、やはり何らかの政変が起きたことを暗示するものであるし、欽明の即位を支持する勢力の中に帝王父子の弑殺を実行した人物がいたことを推測させるだろう。

不思議なことに、書紀は何らの前史も前触れもなく突然蘇我稲目が宣化元年（五三六）に大臣に選任されたと記している。ただし宣化元年という年次にそれほどこだわる必要はない。なぜなら、後年に蝦夷が「磯城嶋宮御宇天皇の世より、近世に及るまでに、群卿皆賢哲し」（舒明即位前紀）と過去を回顧しており、大臣・大夫制は欽明朝から始まったとみてよいからである。問題とすべきは、稲目の大臣への就任が余りにも唐突過ぎる感が否めないことであり、さらに先ほど推測したように年齢的にも稲目は若輩の身であった。これには何らかの裏があるとみるのが自然で、稲目のはなばなしい政界中枢への登場にはそれなりの大きな政治的功績があったことを推定しなければならず、おそらくそれは稲目が辛亥の変に関与した事柄と直接に関係のあることではなかろうか。

稲目はかねてより五世紀の王族の後裔として政界に浮上する何らかのチャンスを窺っていたに相違ない。安閑・宣化両大王の王宮はそれぞれ勾金橋宮（橿原市曲川町）・檜隈廬入野宮（明日香村檜前）に所在しており、いずれも稲目の本拠地である軽からは非常に近い場所にあった。とりわけ宣化大王の宮室があった檜隈は軽の南隣の地で稲目と関係の深い東漢氏一族の本拠地ともなっていた。憶測に過ぎると批判されそうであるが、稲目は東漢氏を利用することでかねてより懐いていた野望を遂げたのではあるまいか。これは馬子による崇峻大王暗殺事件の先蹤ともみられる行為と考えられるのである。

これに関連して『日本書紀』天武六年六月条に次のような文章がみえる。

是の月に、東漢直等に詔して曰はく、「汝等が党族、本より七つの不可を犯せり。是を以て、小墾田の御世より、近江の朝に至るまでに、常に汝等を謀るを以て事とす。今朕が世に当りて、汝等の不可しき状を将責めて、犯の隨に罪すべし。然れども頓に漢直の氏を絶さまく欲せず。故、大きなる恩を降して原したまふ。今より以後、若し犯す者有らば、必ず赦さざる例に入れむ」とのたまふ。

東漢氏が過去に犯した罪が七つあるという天武天皇の指摘は虚偽ではないだろう。具体的にどういう事件に絡んでいるとされたのかは書かれていないが、東漢氏らにとっていちいち鮮明に思い当たるものでなければ説得力に欠けるものとなるはずだからである。著名な事例としては崇峻大王暗殺事件や乙巳の変・古人大兄王子の謀反事件・倉山田石川麻呂大臣の謀反事件・壬申の乱などにおける同氏の動向が挙げられるが、天武天皇の言を信ずるならば推古朝以前には王権が「汝等を謀るを以て事とす」ということはなかったらしい。

ということは、崇峻朝以前の東漢氏は主に蘇我氏の息のかかった組織だった可能性が高い。東漢氏全体がそうでなかったとしても、稲目と個人的に親密な関係を結んでいた族人はすでに存在していたであろう。馬子・蝦夷・入鹿の蘇我三代は後述するように政敵とみなした勢力を果敢に抹殺することを厭わない性格の持ち主であったが、その背後に東漢氏の武力が存在したことを忘れてはなるまい。稲目が最初に用いた謀略とその手法とが子孫に伝達されたと考えられるのであり、しかも東漢氏は蘇我がもともと王族であることを知悉しており、それに依付して氏勢の拡大強化を目論んだのも事実であろう。

さて、稲目の大臣への抜擢についておそらく欽明大王は次のような条件を稲目に突きつけ決断を促したと推測される。すなわち、稲目は王族の身分を捨てて何らかの氏を名乗り臣下になるということである。欽明大王はその血統において五世紀代のA・B両系譜双方からの血筋を統合する要の地位にあった。その点で稲目はもはや王位に執着することはあきらめたものと考えられ、大王に臣従しその輔政者として大臣位に任命されることを望んだのであろう。氏名の「ソガ」は地名である前に清浄で呪力ある菅に因んだものであることは前述したが、それは欽明王権に仕える稲目の決意を端的に示すもので、蘇我氏が純然たる在地豪族ではないことはこうした氏名の成立の経緯から推考しても明らかなことではなかろうか。

そのような稲目の意思に賛同したのが政界の重鎮たる大伴金村と物部麁鹿火の両雄であったろう。とりわけ大伴金村は稲目だけではなくその先祖の王族とは親近な関係を保っていた可能性がある。なぜなら大伴金村の父室屋は允恭大王に見出されその親衛軍の統帥となった経緯があり、大伴氏はB系譜の王統と終始親縁な関係を結んでいたからである。また、大伴氏の大和における本拠地築坂邑は稲目の本拠地と推定される軽の西方に隣接する位置関係を占めるのであって、大伴氏はこの後朝廷の覇権を確立した蘇我大臣家ときわめて緊密な臣従関係を結ぶことになるのである。

さらに、加藤謙吉が指摘しているように東漢氏は五世紀代に渡来した当初は大伴大連の統制下に置かれていた。したがって蘇我大臣家は大伴氏からこの氏の統制・支配をバトンタッチする形で継承した可能性が強く、稲目の動向を大伴氏が背後から支えたという想定は間違いではないと考える。

稲目が大臣になったもうひとつの問題をここで指摘しておく必要がある。それは新羅における上大等の制の影響である。『三国史記』新羅本紀の法興王（在位五一五～五四〇）十八年（五三一）四月の条に、「伊湌哲夫を拝して上大等と為し、国事を総知せしむ。上大等の官は此より始まる。今の宰相の如し」とあり、同じく『三国史記』雑志・職官上にも「上大等。或云上臣。法興王十八年に始めて置く」とあって、上大等は王の即位に続いて任命され、その王代の終わりまで在任することが許された国事総知の官であり、宰相・上臣と呼ばれている通り最高執政官であった。五世紀代後半期まで高句麗に従属を強いられていた新羅は王権が弱体であり、高句麗官位制の大対盧を模範として貴族層の結集を図ろうとしたのであり、貴族連合政権的性格を強く帯びていた新羅の政治体制を象徴する官こそが上大等なのであった。

一方、ヤマト王権にはこれ以前から大伴連・物部連に統率された軍事・警察・外交・生産・祭祀など大王の家政を中心とする業務を執行する政治機関が存在していた。大伴・物部の族長は大連の職位にあってそれぞれの職務を分担するとともに大王の執政官としての役割を果たしていたらしいのであるが、稲目が任じられた「大臣（オホマヘツキミ）」はおそらく新羅の上大等を範としたもので、大臣の下には貴族層の代表者から成る「大夫（マヘツキミ）」を置き、大夫の下に専門職系の官司を新置して国政を審議・運営する体制を整えようとしたらしい。仏教受容の問題のところで指摘した「祭官」がその一事例であり、物部・三輪・賀茂・中臣・忌部などの氏族のうち、初期祭官の大夫は物部・三輪などの族長が就任したと考えられる。

書紀の記事によると最初に選任された大夫は阿倍臣大麻呂だけであったらしく、阿倍氏は外交と宮廷の実務などの職務を担当したらしいのであるが、やがて順次に官司制が整備されるようになると大夫に選任する氏族が増加し、そこに大連の系列下にあった組織をも統制・改廃する趨勢が生まれ、大連の政治的存在意義が低下し始めるのに反比例する形で大臣の職権・権威が伸長するのである。この場合、とりわけ軍事氏族の巨頭であった大伴大連金村の失脚により大夫に格下げされた大伴氏を蘇我大臣家が臣従させたことは重要であろう。蘇我対物部に収斂していく権力闘争の要因はこうした点にあり、仏教をめぐる両者の争いの原因もすでに指摘したように仏教受容の方式をめぐる対立にあったと考えてよい。

蘇我大臣稲目の政治的功績は仏教受容の問題だけではなく、新たな地方支配制度の施行を指摘することができる。

詔して曰はく、「食は天下の本なり。黄金萬貫ありとも、飢を療すべからず。白玉千箱ありとも、何ぞ能く冷を救はむ。夫れ筑紫国は、遐く邇く朝で届る所、去来の関門にする所なり。是を以て、海表の国は、海水を候ひて来賓き、天雲を望りて貢奉る。胎中之帝より、朕が身に洎るまでに、穀稼を収蔵めて、儲粮を蓄へ積みたり。遥に凶年に設け、厚く良客を饗す。国を安みする方、更に此に過ぐるは無し。故、朕、阿蘇仍君 未だ詳ならず。を遣して、加、河内国の茨田郡の屯倉の穀を運ばしむ。蘇我大臣稲目宿祢は、尾張連を遣して、尾張国の屯倉の穀を運ばしむべし、物部大連麁鹿火は、新家連を遣して、新家屯倉の穀を運ばしむべし、阿倍臣は、伊賀臣を遣して、伊賀国の屯倉の穀を運ばしむべし。官家を、那津の口に修り造てよ。又其の筑紫・肥・豊、三つの国の屯倉、散れて縣隔に在り。運び輸さむこと遥に阻れり。儻如し須要ゐむとせば、以て率に備へむこと難かるべし。亦諸郡に課せて分り移して、那津の口に聚め建てて、非常に備へて、永ら民の命とすべし。早く郡縣に下して、朕が心を知らしめよ」とのたまふ。

（『日本書紀』宣化元年五月条）

樟勾宮に幸す。蘇我大臣稲目宿祢、勅を奉りて王辰爾を遣して、船の賦を数へ録す。即ち王辰爾を以て船長とす。因りて姓を賜ひて船史とす。今の船連の先なり。

（『日本書紀』欽明十四年七月条）

蘇我大臣稲目宿祢・穂積磐弓臣等を遣して、吉備の五つの郡に、白猪屯倉を置かしむ。

（『日本書紀』欽明十六年七月条）

蘇我大臣稲目宿祢等を備前の児嶋郡に遣して、屯倉を置かしむ。葛城山田直瑞子を以て田令にす。

（『日本書紀』欽明十七年七月条）

蘇我大臣稲目宿祢等を倭国の高市郡に遣して、韓人大身狭屯倉　言ふこころは韓人は百済なり。高麗人小身狭屯倉を置かしむ。紀国に海部屯倉を置く。一本に云はく、處處の韓人を以て、大身狭屯倉の田部にす。高麗人を小身狭屯倉の田部にす。是は韓人・高麗人を以て田部にす。故因りて屯倉の号とすといふ。

（『日本書紀』欽明十七年十月条）

最初の記事は那津官家の設置に関わるものである。畿内近国の屯倉の穀を筑紫に運送させたもので、重要なのは蘇我大臣稲目が分担したのが尾張の屯倉であったということである。尾張連は安閑・宣化両大王の外戚であるが、先ほど推測したように宣化大王父子を政変で抹殺したのは稲目であった。その稲目が尾張連を直接に統制する役回りを欽明から与えられているのであり、稲目はこの試練を巧みに乗り越えたと推測できる。

二つ目の記事は新来の渡来人王辰爾の一族を登用して船舶とその積荷を管理させたもので、地方からの賦税の動きを掌握しようとしたものである。

三番目以下の記事はいずれも屯倉の設置に関係するものである。大臣稲目はいずれも大王の命令を受けて屯倉の設置を行っている。しかも自ら現地に乗り込み地方豪族に圧力をかけながら中央政権の支配を強化しようとしていることがわかる。屯倉の経営・管理・徴税には田令葛城山田直瑞子のような中央官人を派遣し、在地の民衆をすべて田部という統一的な組織に編成して支配するようにしている。広く地方での支配機構の形成が中央での官司制の整備・充実につながっていたことは明らかであろう。

このように、大臣稲目の段階では蘇我の専権はひとつも窺われず、むしろ稲目が中央権力機構全体を牽引し指導する重要な役割を果たしていたとみなすべきであり、これは次代の馬子の政治に引き継がれる。

Ⅲ　大臣馬子の政治

稲目のあと大臣位を継いだのは子息の馬子であった。馬子は欽明十一（五五〇）年に生まれ、敏達元（五七二）年に大臣となり、推古三十四（六二六）年に没するまでその地位にあった。表の①から⑨までの事項はその長い大臣在職期間中の出来事であるが、馬子の権勢は姉堅塩媛所生の額田部王女が敏達大王の大后に選ばれた時期（敏達五年・五七六）から急速に拡大し、敏達の死没による後継者問題で①から③の事件を主導して朝廷における確固たる覇権を確立する。額田部大后は前大王敏達への輔政の実績と権威をもって大臣馬子の政治を助け、蘇我腹では最初の①用明大王即位を実現した。用明はさっそく馬子を筆頭の大臣に任命したが、これは大王の贔屓や恣意によるものではなく、官司制の充実が背景にあると考えられる。

大王敏達の殯宮儀礼のさなか馬子にとっては甥に当たる②穴穂部王子が王位を狙う急進的な動きを示すが、王子は不満を持つ物部大連守屋と結託しようとしたため暗殺されてしまう。その際に馬子は額田部大后と談合しており、王統護持勢力としての自己の立場を自覚しながらことを進めていることがわかる。この穴穂部王子の一件と用明即位問題とで物部大連守屋と馬子の対立が急速に先鋭化し、馬子の妻は守屋の妹という親縁関係にあったが、守屋の政治的基盤が急速に失われており、貴族層の支援を得られない情況に陥ってしまう。

③物部大連守屋の滅亡は稲目以来の大臣—大夫制が官司制度のほぼ全領域を網羅して掌握する体制を構築し終わったことを示唆するもので、丁未戦争では守屋を支持したのは伴造層のほんの一部であったのに対し、馬子の側には諸王子のほか当代の有力な大夫が揃って参戦している。勝利を得た馬子は飛鳥寺の本格的な造営に着手し、王都の適地として飛鳥地域の開発に乗り出すのである。軽から嶋に本宅を移したのもこの頃であろう。

蘇我氏の全盛期を生みだした馬子の時代は、本書冒頭で指摘した蘇我大臣家の二つの性格・特質がある種のバランスを保って顕現していたとみてよい。馬子は蘇我の起源が王族であることを表面上はいっさい出さず、欽明王統の外戚の地位を盤石なものにし蘇我腹の大王を安定して供給する情況を創り出したことが、王統護持に徹する方向へ馬子を導いた主要な動因だろうと考える。

④崇峻大王の暗殺事件は、おそらく対外政策をめぐる確執から馬子に私怨を懐いた甥の崇峻大王があからさまに馬子の抹殺を口外したために暗殺された事件で、馬子は群臣らの暗黙の了解を得て処罰の対象とはならなかったが、帝王殺害は大臣の職権を逸脱した越権行為であり、蘇我が単なる廷臣ではないことを内外に強く印象付けた公算が強い。事件後額田部王女の幼子竹田の将来の即位を目標として⑤中継ぎの女帝推古を擁立したが、竹田の夭逝により計画が頓挫し、日嗣の厩戸王子と大臣馬子とが女帝を輔政するという統治形態を断行し推古朝政治を軌道に乗せ安定させることに成功した。

推古朝政治の眼目は王族・大臣・大夫層・伴造層を身分別に統一編成する⑥冠位十二階制（服制を伴う）の施行であり、王族・大臣―大夫―伴造の秩序構造で表される統治機構の整備と安定化を図ったものである。儒教の徳目をもって十二の階層で表された冠位の最高位は大徳冠であるが、黛弘道が指摘して通説になっているように蘇我大臣は大徳冠の授与対象からは外れており、十二階冠位制の埒外にあってこれとは別の「紫冠」なる大臣位を象徴する特殊な冠を保持しており、おそらくそれは欽明大王から大臣稲目に特賜された来歴を有するもので、馬子が大臣位を世襲したことから大臣家が継承するようになり、それは同時に蘇我の族長位をも表す標識になったと考えられる。

紫冠はこのように十二階冠位の秩序からは除外された特殊な冠であり、蘇我大臣は冠位制から超越した地位に立ち政治的に自由な立場を確保した。大臣は大王に奉仕する臣下の代表者であったので、本来は大臣といえども位階制の序列に包摂されるのが当然で、大王と並ぶ地位に立つことはあり得ないはずであるが、厩戸太子と大臣馬子とによる大王推古の共同輔政の体制が蘇我大臣家の右のような政治的地位をもたらした現実的な要因であると考えられる。

推古十一年十月の小墾田宮遷都と当年十二月の冠位の制定、翌十二年正月の元会の儀における冠位制の施行とを密接に関連する問題であるとみなした北康宏は、大徳を大臣の冠位に、小徳を大夫の冠位に即応するとみなし、左に掲げた小墾田宮の概念図を提示して大臣も冠位制に包摂された存在であることを強調した。しかし、北が示した小墾田宮の概念図には承服できない問題点があり、前期難波宮の殿舎配置をも勘案した上で私見に基づく概念図を併記しておくことにするが、小墾田宮の「大殿」空間には「庭中」（舒

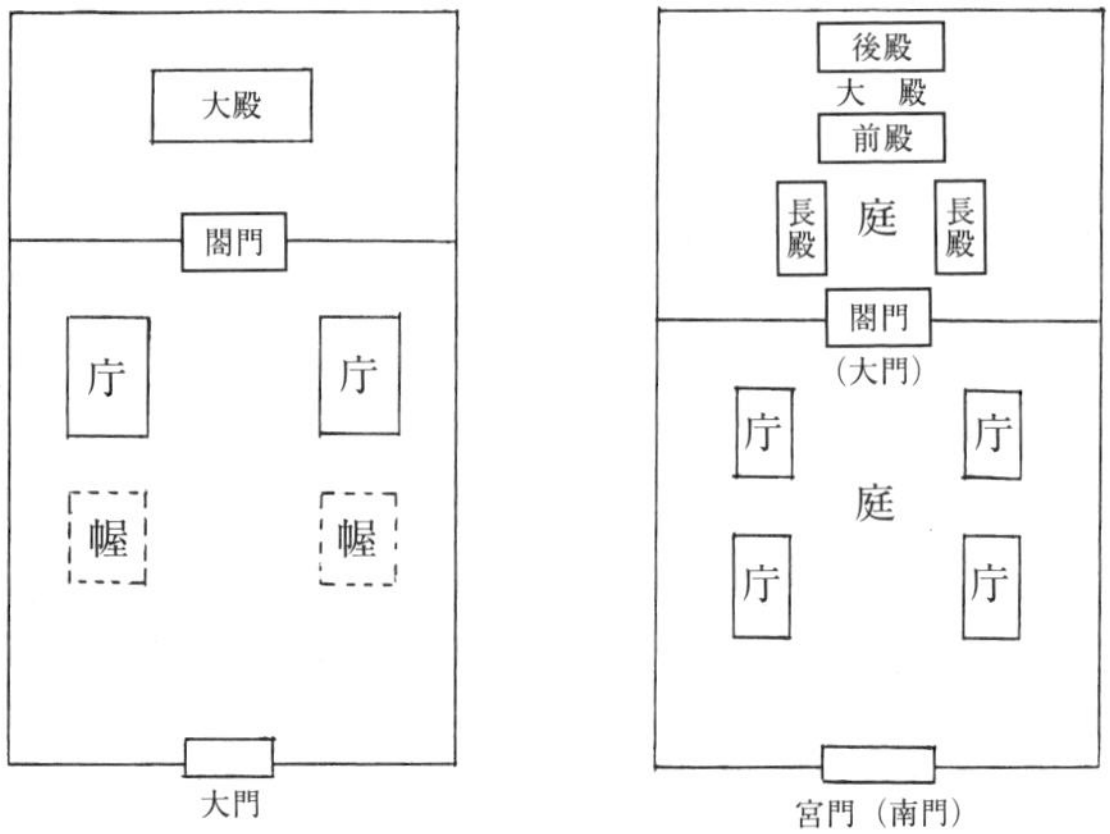

（筆者説）　（北康宏説）

小墾田宮の構造

明即位前紀）の東西に王族・大臣の執務・儀式に関わる殿舎（前期難波宮の東・西長殿）が存在し、厩戸太子と馬子の座はそこに置かれていたと考えてよい。推古十六年の隋使裴世清の国書奉呈の儀式では厩戸太子と馬子は「大殿」の空間に控えていたと推定でき、『隋書』倭国伝が記す清と会見した「倭王」は厩戸太子であった蓋然性が高いのではなかろうか。

「大殿」空間と朝堂とを区画する大門（閤門・推古紀十六年八月条）外の「庭中」「庁」空間は基本的に大夫・伴造層の執務・儀礼の場であったと言えるので、大王に近侍する大臣冠と大夫層に授与された大徳・小徳冠とは厳しく弁別されるべきものであり、蘇我大臣家の「紫冠」を大徳冠そのものとみなすことは間違いであり、大化前代の大臣位は大化五年以降のそれとは質的に性格が異なるものとみる必要があると思う。

最後に⑦・⑧・⑨の三項目を一括して論じることにしたい。⑦・⑨はすでに以前の章でそれぞれ史料を掲載しているのでここでは⑧のみを引用する。

是歳、皇太子・嶋大臣、共に議りて、天皇記及び国記、臣連伴造国造百八十部并て公民等の本記を録す。

(『日本書紀』推古二十八年是歳条)

右は「天皇記」「国記」「臣連伴造国造百八十部并て公民等の本記」の三書の編纂を意味していると考えてよい。「天皇記」の内容は歴代天皇の系譜と事績を中心とし、『古事記』『日本書紀』編纂の際の素材とされた帝紀・旧辞の内実に類似するもの、「国記」はおそらく神代以来の天皇の統治をめぐる物語や建国の歴史をまとめたもの、「臣連伴造国造百八十部并て公民等の本記」は大王に仕える諸氏族の始祖から始まる系譜や奉仕次第を軸にまとめられたものと推定でき、国記と本記は一書にまとめられていた可能性が高い。

王統譜の形成とそれにまつわるさまざまな事績の編纂事業については、津田左右吉が早く指摘したように欽明朝においてすでに始まっており、推古朝の右の事業はそれを受け継いだものと言えるが、問題とすべきはこれらの書に蘇我氏の系譜や奉仕本縁がどのような内実をもって記されていたのか、それらの中身が後世に編纂された『古事記』『日本書紀』の内容とどう違うのかということであろう。編纂の中心は「皇太子・嶋大臣」であるので蘇我の祖先系譜や王権との関係、また大王への奉仕の由来・事績などがかなり詳細に記されていたことが推定できる。とりわけ丁未戦争を契機とする蘇我本宗家の朝廷における覇権の確立は、蘇我の祖先系譜と奉仕本縁の書き換えが要請される状況を生みだしていたと考えてよい。

⑦は推古二十年二月の軽衢における誄の儀礼である。そこで蘇我の族団は大臣馬子が「八腹臣等」を率いて「氏姓之本」を誄したとされている。その内容についてはあくまでも推定にとどまるが、蘇我氏はこの誄において稲目以前の真実の祖先系譜を含む蘇我族団総体の系譜と王統譜との関係を明らかにしていたものと思われる。そして、その内容を文書の形にまとめ定着させたものが右に掲記した⑧の事業であろう。とりわけ「天皇記」には蘇我の祖先系譜が詳細に特筆されてあった蓋然性が強く、⑨推古三十二年十月の馬子による葛城県の割譲要求事件は、⑧の記述事項に基づく行為であったと推測されるのであるが、大王推古は馬子の言辞に正しさを認めながらも王室領の割譲自体は拒絶するという姿勢を貫いたのである。

すでに前章までに論じておいたように、蘇我氏の始祖を武内宿祢の子蘇我石川宿祢とする祖先系譜はここでは論外とすべきである。武内宿祢後裔諸氏族の大系譜はすでに存在していたであろうが、そこには蘇我氏は席を占めていなかったと考えてよい。なぜなら、蘇我氏は稲目の時に以前の身分を改め臣籍に降下した特殊な族団であったこと、稲目以前の真の祖先系譜は王族であり、始祖は允恭大王とみられること、允恭の長子木梨之軽王が稲目の曽祖父に相当するのであって、稲目の祖父・父の名とその系譜も十分に明らかであったからである。これらの事実は乙巳の変で本宗家が滅亡したことによりすべて隠蔽されてしまったと考えられ、『古事記』『日本書紀』は蘇我の真実の出自と系譜を隠したのである。

皇極四年六月に起きた乙巳の変の際に、蝦夷の甘樫岡の居宅からいち早く「国記」を救い出したのは船史恵尺であるが、彼は不思議なことに「天皇記」を焼けるにまかせている。それはなぜかと言うと、「天皇記」には蘇我の真実の祖先系譜が書かれていた、すなわち換言するならば、蘇我氏は允恭大王を始祖とする王族であることを明確に示す記載があったからであろう。

皇極元年是歳条には、蝦夷が葛城の高宮に祖廟を造営し八佾の舞を執行させたとする記事がみえている。これは事実上蘇我が皇極女帝の大王権を凌駕していることを誇示する行為であり、また蘇我が允恭大王の王統につらなる存在であることを公然化したものと言える。「天皇記」「国記」の編纂は推古朝以後も継続して蘇我大臣家の邸宅で行われた事業であったので、蘇我大臣家が断行したこれらの最新の事件を踏まえた記述が行われていた可能性が高い。編纂主任のごとき立場にあった恵尺は「天皇記」の記載内容の委細を知り尽くしていたので、それを意図的に灰燼に帰せしめ、中大兄には無難な内容の「国記」だけを奉呈したと想像されるのである。

Ⅳ　大王蝦夷・大臣入鹿体制

⑩から⑲までの事件・事項が蝦夷・入鹿父子の国政専断に関わる主要な記事であるが、⑫の意義についてはすでに第一節で指摘しておいたところであり、書紀は蘇我大臣家による国政専断の始まりが皇極女帝の即位と深く関連していることを明記している。蘇我の系譜的出自をめぐる本性がこの時期一挙に顕在化し、大王権を超越する専制政治が次々と打ち出され始めた。

さて、まず初めに指摘される⑩の事件は推古女帝の後継者問題の中で顕在化したお家騒動であるが、大臣蝦夷はこの紛争を巧妙に利用し有力な同族一族を滅ぼすことにより、蘇我一族の主家が誰なのかを明らかにしつつ権力の在り処を世上に公知させるとともに、先例がない前大王の遺詔がどれほどの政治的混乱を招くものかを身をもって体験したことから、新大王は大臣が専権をもって選定するという方式をとることを決断したと考えられる。六四二年に皇極女帝を即位させたのがそれで、大王舒明が遺言を残した形跡もなく群臣の意見なども聴取されていない。つまり大王位は蘇我大臣家の意向で決めるという方向性がここで明らかになったと考えられる。女帝を擁立したのは推古大王の先例に倣うものであるが、女帝の統治権を蔑にしようとする意図のほかに、山背大兄の即位を完全に封殺するという狙いがあったと考えられる。

⑪は朝参の規式を変更するよう提案した王族の意見を大臣蝦夷がまったく無視したもので、史料を引用すると次のようになる。

　大派王、豊浦大臣に謂りて曰はく、「群卿及び百寮、朝参すること已に懈れり。今より以後、卯の始に朝りて、巳の後に退でむ。因りて鍾を以て節とせよ」といふ。然るに大臣従はず。

（『日本書紀』舒明八年七月条）

大派王は敏達大王の王子で舒明大王の姻戚でもある。王は舒明大王の朝政が乱れていることの原因が大臣蝦夷の懈怠にあることを見抜いていた。そこで長老風を吹かしてこのような提言をしたわけであるが、見事に一蹴されてしまう。舒明は推古女帝の遺詔を支持した蝦夷によって擁立された経緯をもつ大王であったので、蝦夷が治世における政治的主導権を握っていたと考えられ、舒明の治世十三年間にみるべき業績がないのはまさしく大臣蝦夷のサボタージュの反映であろう。

舒明は火災によって飛鳥岡本宮を失ってから田中宮・厩坂宮など蘇我の本拠地圏内に設けられた行宮を転々としたが、治世十一年七月に百済宮・百済大寺の造営を計画し、書直（倭漢書直）県をもって大匠に任命しているところからも蝦夷の許諾と支援を得て造営を開始したが、十三年十月失意のうちに百済宮で没したのである。因みに王権の直領地であった葛城県は大王舒明の右の計画との交換条件として蝦夷に下賜された蓋然性が高いと推測している。

さて、皇極朝に入ると蘇我の専権が一気に先鋭化し過激な内容になってくる。最初に起こる疑問は、書紀によると皇極女帝は即位以後しばらくの間どの宮に滞在していたのか記載がなく不明なのである。おそらく殯宮儀礼との関係で百済宮に留まっていた公算が高く、大臣蝦夷は女帝を粗略に扱っていたらしい。皇極元年九月、しびれをきらした女帝は大臣に対して進捗が停滞している百済大寺の造営を促すとともに、新たな宮室の建設計画を提案している。その年十二月に舒明の葬儀を終え小墾田宮（権宮）に遷移し、翌年四月、ようやくにわか作りの飛鳥板蓋宮におさまったらしい。飛鳥京跡Ⅱ期遺構はその板蓋宮に相当すると指摘されているが、広大な区画に簡素な宮殿が建てられていただけのようであり、かなりの手抜き事業であったことがわかる。その間に蝦夷は次のような積極的行動をとっていたのである。

⑬は百済で起きた政変により国外追放となった翹岐（余豊璋）らの一行を蝦夷が自邸にもてなした記事である。翹岐らは阿曇山背連の家に安置されており、阿曇氏はかねてより蘇我大臣家の片腕の役割を果たしていたことからすると、蝦夷には対外情報を独占し外交の実権を握ろうとする意図があったらしい。

蘇我大臣、畝傍の家にして、百済の翹岐等を喚ぶ。親ら対ひて語話す。仍りて良馬一匹・鐵二十鋌を賜ふ。唯し塞上をのみ喚ばず。（『日本書紀』皇極元年四月条）

蝦夷が知った半島情勢のうち最も重要なものは高句麗における泉蓋蘇文のクーデターであり、大臣が現王とその与党の貴族ら多数を謀略によって虐殺し、傀儡の王を立て自ら莫離支と称する地位に就いて国政の実権を握るという事態である。事件は六四二（皇極元）年十月に起きたらしいので、実際に蝦夷らがこれを知ったのは翌年のことになるが、執政大臣が傀儡の王に代位して権力を独占するというのは蝦夷・入鹿の野心を大いにかきたてたのではなかろうか。これを倭国流に模倣すれば蘇我大臣家自らが大王権を掌握するという超過激な形態になる。しかしながら、泉蓋蘇文と違って蝦夷・入鹿らは王統譜に出自を有する王族の子孫だったから、大王権を行使することは王権の簒奪には当たらないという意識が強かったと考えられる。権力集中の形態として蘇我大臣家はこの方式にのめり込んで行ったため、反蘇我勢力の謀略により自滅してしまったのだと言えるだろう。

蘇我大臣、蝦夷に家に設して、躬ら慰め問ふ。

（『日本書紀』皇極元年十月条）

右の史料⑭は帰服蝦夷を大臣が自邸において饗応したものである。皇極女帝はその時服喪中であり、新宮はまだ建設途上にあった。六世紀後半期以後ヤマト王権の対蝦夷政策が本格化し始め、東北辺境地域からの蝦夷の服属が断続的に始まった。大臣蝦夷は自邸に導いた帰服蝦夷らの貢調を受け、かつ盛大な饗宴をもって反対給付を行うことにより、国家権力の所在がどこにあるのかを貴族層と蝦夷集団に印象づけようとしたのであろう。換言するならば、蝦夷との折衝は外交権の強化につながるだけではなく、王政の執行主体が誰であるのかを公然と示すものであった。

⑮葛城の高宮に祖廟を建設し八佾の舞を断行したことの意味についてはすでに詳しく検討しておいた。

この記事は皇極元年是歳条に掲載されているが、翌二年の出来事と解した方がよいと思う。蝦夷は前大臣馬子が推古大王との談合で先鞭をつけていた葛城県を舒明朝の末年についに手に入れ、自家の祖先系譜が允恭大王にまで遡ることを明らかにし、蘇我大臣家が王政を行うことの正当化を図った行為であると考えられる。八佾の舞の執行は蝦夷が大王をしのぐ立場に立ったことを公然化する行為と言える。

これを書紀編者の作為であると評価する研究者もいるが、大陸の祖廟制を導入して既存の王統譜や氏族系譜の構造に大幅な変革を加えようとした深遠な意図を看取することができ、先ほど述べたように、乙巳の変で蝦夷邸において灰燼に帰した「天皇記」には蘇我の真実の始祖と祖先系譜が記定されていたと推定される。蘇我大臣家が推古朝からなぜ「天皇記・国記」の編纂を専掌したのかについては、単に彼らが大王に代わる国政の権限を掌握していたからではなく、祖先系譜の問題にきわめて強い執着心を持っており、蘇我の系譜と由来についての真相と歴史とを後世に記し留めようという意図を懐いていたからではあるまいか。

⑯は書紀の編成では右の⑮と併記されている。ここで再度全文を引用してみよう。

是歳、蘇我大臣蝦夷、己が祖廟を葛城の高宮に立てて、八佾の舞をす。遂に歌を作りて曰はく、

大和の　忍の広瀬を　渡らむと　足結手作り　腰作らふも

又盡に国挙る民、幷て百八十部曲を発して、預め雙墓を今来に造る。一つをば大陵と曰ふ。大臣の墓とす。一つをば小陵と曰ふ。入鹿臣の墓とす。望はくは死りて後に、人を労らしむること勿。更に悉に上宮の乳部の民を聚めて（乳部、此を美父といふ。）塋兆所に役使ふ。是に、上宮大娘姫王、発憤りて歎

きて曰はく、「蘇我臣、専国の政を擅にして、多に行無礼す。天に二つの日無く、国に二つの王無し。何に由りてか意の任に悉に封せる民を役ふ」といふ。茲より恨を結びて、遂に倶に亡されぬ。

（『日本書紀』皇極元年是歳条）

書紀編者は蝦夷の祖廟建設と蝦夷・入鹿父子による雙墓の造営が同列同性質の国政専断行為とみていたわけである。しかるに、蘇我が五世紀の実在の始祖帝王の血筋につながる存在であることを公然と天下に示し、大王家と同じく生前中に百八十部曲を徴発して寿墓を造営し、それらを「大陵・小陵」と名づけることとは内的に関連した行為で、蝦夷・入鹿にしてみればそれは一連の正当な行為であって、役民の徴発は上宮の乳部にまで及んだとし、ために上宮大娘姫王（春米女王）が怒ったとするのは事実であろう。姫王の吐いたという言辞は書紀編者の作文であろうが、突如開始された蘇我の王政はまさしく「国に二つの王」ありという事態を現出したと言うべきものである。

皇極二年十月、蝦夷は昨年来の王政を一気に強化する方策を打ち出した。ついに自己を大王の地位にまつり上げるという行為である。

蘇我大臣蝦夷、病に縁りて朝らず。私に紫冠を子入鹿に授けて、大臣の位に擬ふ。復其の弟を呼びて、物部大臣と曰ふ。大臣の祖母は、物部弓削大連の妹なり。故母が財に因りて、威を世に取れり。

（『日本書紀』皇極二年十月壬子条）

大臣蝦夷が病気で朝廷に出仕せずというのは書紀編者の作為による情報の隠蔽であり、当時蝦夷は意図的に朝政への出仕を避けていたと考えられるのである。蝦夷が自邸において紫冠を子入鹿に授け大臣に擬したということは、蝦夷自身がその前提として大臣を辞した上で大王権を行使したこと、換言するならば蝦夷は明らかに大王として振る舞ったことを意味するであろう。書紀は言うまでもなく蝦夷の大王への即位のことなどを一切書いてはいないが、まさしく当日に即位式を挙行していた公算が高い。なぜなら蝦夷はこの前後の時期に自邸から外出して濫りに人前に出たことがないらしく、それは彼が大王として天下に臨むという姿勢を誇示する現象ではあるまいか。次に引用する史料はその意味できわめて興味深い内容の記事である。

是の月に、国の内の巫覡等、枝葉を折り取りて、木綿を懸掛けて、大臣の橋を渡る時を伺ひて、争ぎて神語の入微なる説を陳ぶ。其の巫甚多なり。具に聴くべからず。老人等の曰はく、「移風らむとする兆なり」といふ。

（『日本書紀』皇極三年六月条）

これとほぼ同じ文章が皇極二年二月是月条にもみえており重出しているのであるが、右の記事が本来のものであろう。事件の起きる直前には剣池の蓮に起きた祥瑞にまつわる文章があり、蝦夷はそれを蘇我が栄える瑞だと称し、めでたいことなので金泥の墨書を飛鳥寺の丈六仏に献呈したとする。おそらくこの時蝦夷は甘樫岡の邸宅から飛鳥川の橋を渡って飛鳥寺を訪れようとしたのだが、前もって大勢の巫覡が橋の辺りに群集し、木綿を懸けた枝葉を手に持って蝦夷の到来を待ち受け、橋を渡る蝦夷に向かって口々に「神語」を陳べたてたという。巫覡らは蝦夷に対し神語を浴びせるという手段に訴えて何らかの要求をつきつけているのである。蝦夷は彼らの言葉を聴取しようとしたが、余りの騒がしさに十分聴き取ることができなかったとする。

巫覡にまつわる著名な騒動のことが右の記述のすぐあとの皇極三年七月条にみえている。駿河国出身の大生部多という人物が蚕に似た虫を持ちだして都鄙の民衆に虫祭りを勧め、それに便乗した巫覡らが盛んに神語を唱え、虫を家の中の清座に据えて崇め祭り、また家財を路側に並べ富貴と長寿を願いながら大声で「新しき富入来れ」と叫べと民衆をそそのかしたというもので、この虫は「常世の神」であると説かれたという。この信仰には中国の神仙思想や道教の影響があるらしく、「都鄙の人」とあるようにかなり広く流行したと考えられる。当時王都ではさまざまな造営工事が行われており、越・近江・遠江・安芸などを範域とする国々から多数の役民が徴発されてきていた。王権に対する不満と生活への不安がこのような宗教的熱狂となって爆発したものと考えられる。

虫祭りという形態に昇化するこのような宗教的な熱狂が、その端緒においてなぜ蝦夷個人に向けられたのかというと、最高権力を掌握している者が皇極女帝ではなく大王蝦夷であることを巫覡らが明確に認識していたことによるだろう。巫覡らはこの世で「富と寿」とを体現する蝦夷に対して自分たちの信仰を認め、これを世に広めるように猛烈に働きかけているのである。蝦夷が橋を渡る時にそのようなことが行われたとするのは、路側と言い橋と言うものは神や霊の出入りする特異な空間であり、一種のアジール的性格を帯びた空間でもあったからであろう。蝦夷は常にその身辺を兵士らによって厳重に守衛されていたと考えられるので、飛鳥川に架かる橋以外に接触する場がなかったからであろう。

巫覡らが蝦夷に接触しようとした動機にはまた別の要因があることも想定される。それは大王蝦夷が出家していたこと、つまり法体の大王であったことによるものである可能性がある。蝦夷が出家を遂げていたことを示す史料上の明瞭な証跡は見当たらないが、もしそうであれば巫覡らは法大王を自分たちの信仰の教主に祭り上げようとしていたのかも知れないのである。しかし、蝦夷がこれを嫌い巫覡らの動きを警戒したために、虫祭りという奇態な宗教運動が巻き起こったと考えられるのである。

話を皇極二年十月の記事のことに戻すことにしよう。蝦夷が大王に変身したことも入鹿が大臣となったことも書紀は公式に認めておらず、入鹿の弟が物部大臣と呼ばれたという記事内容にもやや不審な点があるが、これらの行為は蘇我が王族の末裔として行った王政そのものと言うべきものである。右の事件の三日前の書紀記事には次のような板蓋宮での意味深長な儀式のことが記されている。

群臣・伴造に朝堂の庭に饗たまひ賜ふ。而して位を授けたまふ事を議る。遂に国司に詔したまはく、「前の勅せる所の如く、更改め換ること無し。厥の任けたまへるところに之りて、爾の治す所を慎め」とのたまふ。

（『日本書紀』皇極二年十月己酉条）

板蓋宮の朝庭で饗宴が行われその後に授位の件が議されたとする。授位とは任官のことである。この朝儀には言うまでもなく蝦夷は欠席しており、短文なので授位のことが誰に関わるものであるのかも容易に知ることはできない。推測するに皇極女帝は国司らへの授位のことを諮ろうとしたのだが、大臣蝦夷の欠席によりこの件を決定できなかったのである。ところがこの一件が蝦夷・入鹿父子に強烈な刺激を与え、無策な女帝に代わり自分が授位の権限を行使する立場に立つという決意を露わにするに至り、遂に蝦夷は自邸において大王となり入鹿を大臣に任命したと考えられるのである。推測される蝦夷の即位式は十月壬子の日に行われた公算が高く、この時点で蝦夷はついに大王になったと想像されるのである。

皇極朝に入り蝦夷・入鹿の家宅の様相も大きく変質したらしい。その変化には二つの側面があり、ひとつは飛鳥川西岸の甘樫岡に新造の居宅が計画的に造られたことであり、もうひとつはその居宅の王宮化・城塞化ということである。

蘇我大臣蝦夷・児入鹿臣、家を甘樫岡に雙べ起つ。大臣の家を呼びて、上の宮門と曰ふ。入鹿が家をば、谷の宮門と曰ふ。男女を呼びて王子と曰ふ。家の外に城柵を作り、門の傍に兵庫を作る。門毎に、水盛るる舟一つ、木鉤数十を置きて、火の災に備ふ。恒に力人をして兵を持ちて家を守らしむ。大臣、長直をして、大丹穂山に、桙削寺を造らしむ。更家を畝傍山の東に起つ。池を穿りて城とせり。庫を起てて箭を儲む。恒に五十の兵士を将て、身に繞らして出入す。健人を名づけて、東方の儐従者と曰ふ。氏氏の人等、入りて其の門に侍り。名づけて祖子孺者と曰ふ。漢直等、全ら二つの門に侍り。

（『日本書紀』皇極三年十一月条）

周知のように、甘樫岡の西南部の谷間で七世紀中葉の居館らしき遺構の一部が発見されている。火災の痕跡もみつかっており、入鹿の「谷の宮門」と呼ばれた邸宅跡ではないかと言われている。岡の上には蝦夷の「上の宮門」が造営され、宮門に住む男女は「王子」と称され、邸宅の周りは城柵で囲まれており、門の傍らには武器庫があり、四周の門には火災に備えて水を蓄える舟や大量の木鉤が置かれていた。邸宅の内外は武器を携帯した力人が守衛していたと記す。

蝦夷は畝傍山の東麓の家も池を廻らした城塞とし、武器を蓄え多数の兵士を率いて出入りしていたという。それらの健人＝勇猛者を「東方の儐従者」と名づけ、門に待機する氏氏の人らを「祖子孺者」と呼んだ。また東漢直の族人らも大挙してこれらの邸宅の門に侍っていたという。

さらに、右の文章には大丹穂山に桙削寺を造営したとある。長直は東漢長直阿利麻（斉明紀五年七月条所引伊吉連博徳書）の存在から推して東漢直の一族と考えられ、大丹穂山は明日香村入谷とされているので、飛鳥川最上流部の清浄な山中に寺院を造営し、何らかの宗教的な用途のための施設としたのであろう。桙削寺は朝鮮式山城というような軍事的施設ではなく、仏教の祭祀権を握る蝦夷が俗界の穢れを去り身を清浄にするための修行の場として造られた施設ではないかと推測される。先ほど蝦夷が法体の大王ではなかったのかと推測したが、その問題との関連性を今後追究していく必要が痛感される。

これらの記述は一体何を意味するのであろうか。私見を述べると、まずこれらの施設はおそらく皇極朝に入り急ピッチで建設が進められたものと推測できる。⑬ ⑭ にはすでに「畝傍の家」がみえるので、皇極元年四月には竣工していたことがわかる。百済人や蝦夷を饗応しているのは、この家が蘇我の対外交渉などに使用される目的で造営されたらしい。一方、甘樫岡の宮門は蝦夷・入鹿の王宮として造営され、大王政治の拠点となったものであろう。

「上の宮門」「谷の宮門」、なかでも「上の宮門」は東方の飛鳥川右岸に所在する飛鳥寺や板蓋宮のみならず飛鳥一帯の地域を高所から見下ろす形になり、天下に君臨する大王蝦夷の宮居として厳重に守衛される必要があったのである。甘樫岡はすでに指摘しておいたように蘇我の始祖允恭大王がクガタチと定姓のことを施行した聖地であった。その場所に「宮門」と呼ばれた豪壮な邸宅を構えた蝦夷・入鹿は、王政を執行して始祖帝王の偉業を継ぐのだという強烈な統治意識を持っていたと考えてよい。蝦夷・入鹿邸の軍事的要塞化を国防の観点から論じようとする研究者もいるが、これらの施設は大王・大臣の権限を独占しようとした蘇我本宗家を軍事的警察的に守衛し、さらには政権と権威の所在地がどこにあるのかを視覚に訴えて誇示しようとしたものであろう。

蘇我の王宮には数多くの氏人が参集し門に侍候していたとする。それは主に三種類の人々から成っていたらしい。ひとつは「東方の儐従者」と呼ばれた東国各地の国造・伴造クラスの豪族の子弟らで、彼らが「兵士・力人・健人」と記されているごとく兵力の主体であった。その数は五十とある。次には「氏氏の人等」と称する者たちで蘇我同族を含む畿内豪族の族長とその子弟たち、あとひとつは「漢直等」である。これらの人々は本来皇極女帝の宮に奉仕すべき官人層なのであり、それが大挙して蘇我の宮門にも出入りし侍候している状況の意味するものは、朝廷が二つに分裂している危機的な状況にあることを示している。

⑱は上宮王家滅亡事件である。事件は⑰の直後に起こったようであり、入鹿が大臣の権限を行使できる状態となった点がきわめて重要であると考える。

蘇我臣入鹿、独り謀りて、上宮の王等を廃てて、古人大兄を立てて天皇とせむとす。時に、童謡有りて曰はく、

岩の上に　小猿米焼く　米だにも　食げて通らせ　山羊の老翁

蘇我臣入鹿、深く上宮の王等の威名ありて、天下に振すことを忌みて、独り僭ひ立たむことを謨る。

（『日本書紀』皇極二年十月戊午条）

上宮王家の人々は皆「我等が父子、並に蘇我より出でたり」と自称し公言する人間であった。山背大兄

は厩戸王子の長子で大王推古の死没時に有力な後継候補となった実績のある人物である。この時には蝦夷の強い説得によりやむなく即位を諦めたが、今度は皇極女帝の即位を目の当たりにして蘇我本宗家への憤懣が募ったのである。それに対して分註にもある通り入鹿は「独り僭ひ立たむことを謨る」、すなわち大兄王を凌ぐ勢威を発揮しようとしたとする。

入鹿は蘇我本宗家と並ぶ同系の別の王家はもはや不必要であると判断したのではあるまいか。すなわち欽明王統との外戚政策によって成立した上宮王家は政治的経済的にも蘇我本宗家に対抗し得る一大政治勢力に成長しており、境部摩理勢の事例からも想定されるように、蘇我の同系諸氏族がこれと結託して本宗家に反抗しないとも限らないのである。これを殲滅することで同族内部に巣食っている癌を切除し、本宗家単独の自立した王政を展開することが可能になるであろう。入鹿は即座に軍兵を斑鳩に派遣し、王家の殲滅が図られた。

蘇我臣入鹿、小徳巨勢徳太臣・大仁土師娑婆連を遣りて、山背大兄王等を斑鳩に掩はしむ。或本に云はく、巨勢徳太臣・倭馬飼首を以て将軍とすといふ。

（『日本書紀』皇極二年十一月朔条）

右には長文から成る上宮王家滅亡にまつわる記事の冒頭部分のみを引用している。ここには入鹿の命令を受けて派遣された将軍たちの名が出ている。巨勢徳太・土師娑婆蓮・倭馬飼首らは蘇我の私兵ではなく朝廷の軍事官司に関係する幹部たちで、入鹿はそれを強権的に動員したと言える。後に高向臣国押が入鹿の指令により生駒山中に隠れた山背大兄王を捜捕すべしとする警察的任務を命じられて拒絶したが、そのほか『藤氏家伝』には、「宗我入鹿、諸王子と共に謀りて、上宮太子の男、山背大兄等を害はむと欲ひて曰ひしく、……諸王然諾ひき。但、従はずは、害身に及ぶを恐り、共に許す所以なり」とあり、「諸王子」をも巻き込んで入鹿は事件を貴族層の総意による正当な行為に仕立て上げようと目論んだようである。

蘇我大臣蝦夷、山背大兄王等、総て入鹿に亡さるといふことを聞きて、瞋り罵りて曰はく、「噫、入鹿、極甚だ愚癡にして、専行暴悪す。儞が身命、亦殆からずや」といふ。（『日本書紀』同前条）

しかし、書紀は事件を入鹿の暴走であると決めつけ、父蝦夷のやるかたない憤懣と息子を罵倒した様子を記す。大王蝦夷はまさか入鹿がここまでやるとは思っていなかったのかも知れないし、そうした芝居がかった記述は書紀編者が行った意図的な脚色で、むしろ蝦夷自身がこの事件を裏側で指導し計画した黒幕かも知れないのであって、真相はすべて闇の中にある。擬大臣であるとはいえ実力者の入鹿の命令には朝廷の軍官も従わざるを得ず、世間を震撼させた当事件が次に起きるクーデターの直接の引き金となったことはみやすい。なぜなら、蝦夷・入鹿の次のターゲットが蘇我と姻戚関係を持たない敏達王統の王子たちであったと推定されるからである。

V　蝦夷・入鹿の誅滅

六四五年六月、蘇我大臣蝦夷・入鹿父子を滅亡に追い込むクーデターが起きた。皇極四年六月条に掲載されている書紀の文章はきわめて長いので引用は控えることにする。

皇極女帝が出御して飛鳥板蓋宮の正殿で行われた外交儀式の際に、蘇我入鹿が中大兄王子・中臣鎌子を中心とする一党の手で暗殺され、翌日には自邸において大臣の蝦夷が自殺し蘇我大臣家が滅亡したとされるのである。乙巳の変と呼ばれているクーデターが実際に書紀に記されているような経過を辿って決行されたのか、誰が事件の本当の首謀者であるのか、あるいは真相はぜんぜん違っていたのかといったような問題については現在でも議論百出の状態で明確になっていない。入鹿が呼び出された儀式も書紀が記しているような外交に関わるものであったのかさえ疑わしい。むしろ改新派が仕掛けた皇極女帝の譲位問題をエサとして入鹿をおびき出したのではなかろうか。皇極は蝦夷が推戴した女帝であったからでもあり、また大王の在位途中での退位ということは歴史上未だかつてない事態であったからである。

事件の直接の引き金は蘇我本宗家と分家の蘇我倉家内部の紛争と対立にあり、『藤氏家伝』上巻・鎌足伝には「山田臣と梜作と相ひ忌むことを知る」とあって、皇極朝発足以来の本宗家の暴走に山田臣は強い憤懣を懐いていたと考えられる。軽王子・中大兄王子・中臣鎌子らの改新派はこうした蘇我両雄の対立関係を巧妙に利用し、山田臣を自派に取り込んだ上で政変につなげた模様である。女帝もまた予め計画を知っていた可能性が高い。なぜなら、彼女自身の譲位と次期大王の擁立について改新派と綿密な打ち合わせができていたと考えてよいからである。さらに軽王子が儀式の場にいなかったのは、大王候補として彼が暗殺現場に立ち会わないように配慮したからであろう。事件を目の当たりにした古人大兄は動転して私宮に逃げ帰り、韓人が鞍作臣を殺したと言ったと記すが、韓人とは山田臣のことと考えられるので、山田臣が中大兄と密かに図って用意していた佐伯連子麻呂・葛城稚犬養連網田らの門衛の兵士に命じ入鹿を弑殺したというのが事件の真相なのではなかろうか。

ところで、多くの研究者の間で蘇我氏が王権簒奪を図った悪逆の臣などではないと考えられている理由に、蘇我氏は形式的にでも忠義の臣下であり続けることで自己の権力基盤を保持することができたのであり、蝦夷・入鹿は自らが王権を簒奪して大王になるなどというような意図を微塵も持っておらず、むしろ王統護持の姿勢を貫きながら君臣の秩序の範囲内で最大限の権勢を発揮することが目指されていたのであって、中国流の易姓革命などは蘇我氏の念頭にはなかったと言うのである。『日本書紀』皇極二年十月条には、「蘇我臣入鹿、独り謀りて、上宮の王等を廃てて、古人大兄を立てて天皇とせむとす」とあり、蘇我腹の古人大兄を大王位に据えることで外戚の蘇我氏はこれ以後も権勢を掌握し続けることが可能となるのである。

確かに稲目・馬子の時期の蘇我氏は何よりも大王の存在を前提とし王権に寄生・密着してその権勢を保持・拡大しようとした面があり、書紀はそのような線に沿って蘇我大臣家の歴史を描いているように思われる。しかるに、興味深い事実は蝦夷・入鹿の代になって蘇我本宗家は外戚政策をとらなくなっていたことである。彼らにはそれなりに女子がいたはずであるが、上宮王家はおろか敏達・舒明の後裔王族との間で政略結婚を進めようとした気配がまるでないのである。このことは蝦夷・入鹿が単独で王権を掌握し、自分たちの独自の王統譜を創始しようとする意図を懐いていた証拠とも考えられるのであり、そこでは古人大兄をも排除しようとした形跡が窺われる。なぜなら古人の「妃妾」(『日本書紀』大化元年九月条)に蘇我本宗家の娘が与えられたことを伝える記録がなく、なぜそうなのかということを考えた場合、古人は舒明大王の長子であったために改新派に抱き込まれる要素を保持していたからである。中大兄は後に古人の遺娘であった倭姫王を娶り大后に立てているのである。

古人大兄王子は予め儀式の場に控えていた。入鹿に見込まれた次期の最有力の大王候補として朝廷の儀式に列席するのは当然であったのかも知れないが、不思議なことに惨害を免れており改新派の直接のターゲットにはなっていなかったらしい。しかも彼は事件後私宮に籠り蝦夷と通謀しようともしていないのであり、翌日には飛鳥寺に赴き出家して王位へのこだわりを棄てるという派手なパフォーマンスを行った。古人は事件の直前に改新派に抱き込まれていた可能性があるのではなかろうか。

要するに、書紀はあくまでも一介の臣下である蘇我氏の逆賊としての歴史を描こうとしており、戦後の研究者は書紀の蘇我氏＝逆賊史観は書紀編者の作為であるとする評価を強調してきたのであるが、仮に後者の見解が正しいとしてもその根拠が何なのかは未だに究明されたことがなく、書紀は蝦夷・入鹿が自分たちを大王に準えるかそれを超える行為をくり返したことを強調している。しかもそれぞれの記事はそれなりの具体性をもって描かれており、その意義や実体については本書で詳細に説明してきた通りであって、それらを書紀編者の単なる作文という評価で済ますことはできないであろう。

事件直後に即位した孝徳大王は次のような盟誓の儀礼を行ったという。

天皇・皇祖母尊・皇太子、大槻の樹の下に、群臣を召し集めて、盟曰はしめたまふ。天神地祇に告して曰さく、「天は覆ひ地は載す。帝道唯一なり。而るを末代澆薄ぎて、君臣序を失ふ。皇天、手を我に假りて、暴逆を誅し殄てり。今共に心の血を瀝づ。而して今より以後、君は二つの政無く、臣は朝に貳あること無し。若し此の盟に貳かば、天災し地妖し、鬼誅し人伐たむ。皎きこと日月の如し」とまうす。

（『日本書紀』孝徳即位前紀）

右の記事は大王家と群臣との盟誓の儀のことと盟誓の言葉とから成っており、後者はなぜか全文が分註の形式で引用されている。その内容としては、皇天の力添えを得て君臣の秩序を乱した暴逆の臣を誅殄したこと、これより以後は君主にも臣下にも二つの政治があってはならないというものであり、このような儀式を必要とするほど事変以前の支配層の分裂が危機的な状況に陥っていたことを示唆しているのである。

盟誓の言葉が分註の形になっているのは、おそらくこの文章が事件当時のものではなく書紀編者の作文であることを暗示している。すなわち原文にはこれとは違うことが書かれていたのであり、それをそのまま引用できない事情があり書き換えが行われたものと推測されるのである。と言うのは、この文意によれば誅殄された暴逆は「臣」の身分であるとしているのであるが、それはあくまでも書紀編者の歴史観に基づくものであって、真相はそうではなかったと考えられるのである。すなわち、蘇我蝦夷・入鹿は「臣」ではなく「君」としての政治を断行して政治秩序を乱したのであり、書紀編者の思想ではそのようなことを認めるわけにはいかなかったので、悪逆無道の「臣」が「君」の行うべき政道を牛耳った、つまり地が天を覆うという異常な事態が起きたので、皇天の力を借りて正常な「君臣」の秩序に戻したのだと強調して自己を正当化しているのである。しかし、この文章は歴史的事実を反映していないというのが私の考えである。

すなわち、蘇我氏は允恭大王の王統の後裔であって、稲目の時から臣下の列に加わったものの、蝦夷・入鹿の時期にそれまでの地位・身分をかなぐり捨てて大王権の掌握を目指したと考えられるのであり、端的に言って蝦夷・入鹿の専制政治は欽明・敏達王統との純然たる王権の争奪戦そのものなのであって、単純に逆臣の僭上・専断と評することのできない性格のものであろう。乙巳の変は二つの王統の競合に最終的なとどめの一撃を加えた歴史的な政変であったと評価できるだろう。

蝦夷は惨劇の現場には立ち会わなかった。老体で病気がちのために朝政を欠席したためであろうと解釈されてきたのだが、そうではなく、彼は大王であったから皇極の朝政には関与する必要も意思もなく、息子の大臣入鹿が巧みに宮中におびき寄せられ殺害されてしまったと考えられるのである。

〔参考文献〕

青木和夫『日本古代の政治と人物』（吉川弘文館、一九七七年）。

網干善教編『飛鳥の発掘』（大阪書籍、一九八五年）。

荒木敏夫『日本古代の皇太子』（吉川弘文館、一九八五年）。

荒木敏夫『可能性としての女帝』（青木書店、一九九九年）。

家永三郎「飛鳥朝に於ける摂政政治の本質」（『社会経済史学』八―六、一九三八年）。

家永三郎『上宮聖徳法王帝説の研究』（三省堂、一九五一年）。

池田温『東アジアの文化交流史』（吉川弘文館、二〇〇二年）。

石田尚豊編『聖徳太子事典』（柏書房、一九九七年）。

石母田正『日本の古代国家』（岩波書店、一九七一年）。

井上薫「日本書紀仏教伝来記載考」（『日本古代の政治と宗教』吉川弘文館、一九六一年）。

井上薫「道慈」（『日本古代の政治と宗教』吉川弘文館、一九六一年）。

井上光貞『日本古代国家の研究』（岩波書店、一九六五年）。

井上光貞『日本の歴史③飛鳥の朝廷』（小学館、一九七四年）。

井上光貞他編『東アジア世界における日本古代史講座５』（学生社、一九八一年）。

井上光貞他編『大化改新と東アジア』（山川出版社、一九八一年）。

井上光貞他編『古代を考える飛鳥』（吉川弘文館、一九八七年）。
猪熊兼勝編『見瀬丸山古墳と天皇陵』（吉川弘文館、一九九二年）。
今井啓一「物部戦争と太子・四天王寺」（『日本歴史』二九九、一九七三年）。
『岩波講座日本歴史2古代2』（岩波書店、一九六二年）。
『岩波講座日本歴史2古代2』（岩波書店、一九七五年）。
上田正昭「飛鳥の宮廷」（『日本歴史講座』第一巻、東京大学出版会、一九五六年）。
上田正昭『日本古代国家成立史の研究』（青木書店、一九五九年）。
上田正昭『日本古代国家論究』（塙書房、一九六八年）。
太田善麿『古代日本文学思潮論Ⅲ—日本書紀の考察』（桜楓社、一九六二年）。
大野達之助『聖徳太子の研究』（吉川弘文館、一九七〇年）。
大橋一章『飛鳥の文明開化』（吉川弘文館、一九九七年）。
大山誠一『古代国家と大化改新』（吉川弘文館、一九八八年）。
大山誠一『長屋王家木簡と金石文』（吉川弘文館、一九九八年）。
大山誠一『〈聖徳太子〉の誕生』（吉川弘文館、一九九九年）。
大山誠一編『聖徳太子の真実』（平凡社、二〇〇三年）。
大山誠一『聖徳太子と日本人』（角川書店、二〇〇五年）。
沖森卓也・佐藤信・矢嶋泉著『藤氏家伝 注釈と研究』（吉川弘文館、一九九九年）。

小澤毅『日本古代宮都構造の研究』（青木書店、二〇〇三年）。

小田富士雄編『古代を考える 磐井の乱』（吉川弘文館、一九九一年）。

加藤謙吉『蘇我氏と大和王権』（吉川弘文館、一九八三年）。

加藤謙吉「蘇我・物部戦争」（黛弘道編集『戦乱の日本史・第一巻』第一法規出版、一九八八年）。

加藤謙吉「中央豪族の仏教受容とその史的意義」（川岸宏教編『論集日本仏教史1飛鳥時代』雄山閣、一九八九年）。

加藤謙吉『大和政権と古代氏族』（吉川弘文館、一九九一年）。

加藤謙吉『大和政権とフミヒト制』（吉川弘文館、二〇〇二年）。

加藤謙吉『大和の豪族と渡来人』（吉川弘文館、二〇〇二年）。

門脇禎二『「大化改新」論その前史の研究』（徳間書店、一九六九年）。

門脇禎二『飛鳥 その古代史と風土』（日本放送出版協会、一九七〇年）。

門脇禎二『蘇我蝦夷・入鹿』（吉川弘文館、一九七七年）。

門脇禎二「蘇我氏の出自・形成と朝鮮文化」（『古代史をどう学ぶか』校倉書房、一九八六年）。

門脇禎二『「大化改新」史論』上・下（思文閣出版、一九九一年）。

門脇禎二『飛鳥古京』（吉川弘文館、一九九四年）。

鎌田元一編『古代の人物1日出づる国の誕生』（清文堂出版、二〇〇九年）。

亀田博『飛鳥の考古学』（学生社、一九九八年）。

河上邦彦『飛鳥を掘る』（講談社、二〇〇三年）。

河上邦彦他編著『飛鳥学総論』（人文書院、一九九六年）。

河上邦彦他編著『飛鳥古代復元』（人文書院、一九九六年）。

河内祥輔『古代政治史における天皇制の論理』（吉川弘文館、一九八六年）。

岸俊男『日本古代政治史研究』（塙書房、一九六六年）。

岸俊男『宮都と木簡』（吉川弘文館、一九七七年）。

岸俊男『日本古代宮都の研究』（岩波書店、一九八八年）。

岸俊男『日本古代文物の研究』（塙書房、一九八八年）。

岸俊男『日本の古代宮都』（岩波書店、一九九三年）。

岸雅裕「上宮王家滅亡事件の基礎的考察」（『日本史論叢』一、一九七二年）。

喜田貞吉『喜田貞吉著作集3国史と仏教史』（平凡社、一九八一年）。

北康宏「冠位十二階・小墾田宮・大兄制」（『日本史研究』五七七、二〇一〇年）。

北山茂夫『大化改新』（岩波書店、一九六一年）。

熊谷公男『日本の歴史・大王から天皇へ』（講談社、二〇〇一年）。

倉本一宏『日本古代国家成立期の政権構造』（吉川弘文館、一九九七年）。

小島鉦作「香椎廟の香椎宮への移行とその荘園化」（『神社の社会経済史的研究』小島鉦作著作集第三巻、吉川弘文館、一九八七年）。

小林敏男『古代王権と県・県主制の研究』（吉川弘文館、一九九四年）。

小林敏男『古代女帝の時代』（校倉書房、一九八七年）。

佐伯有清『新撰姓氏録の研究』考証篇第一（吉川弘文館、一九八一年）。

佐伯有清『新撰姓氏録の研究』考証篇第二（吉川弘文館、一九八二年）。

佐伯有清「蘇我氏と古代大王国家」（『日本古代氏族の研究』吉川弘文館、一九八五年）。

佐伯有清『日本の古代国家と東アジア』（雄山閣、一九八六年）。

栄原永遠男『紀伊古代史研究』（思文閣出版、二〇〇四年）。

坂本太郎『大化改新の研究』（至文堂、一九三八年）。

坂本太郎『日本全史』（東京大学出版会、一九六〇年）。

坂本太郎『日本古代史の基礎的研究』上（東京大学出版会、一九六四年）。

坂本太郎『聖徳太子』（吉川弘文館、一九七九年）。

笹山晴生『日本古代衛府制度の研究』（東京大学出版会、一九八五年）。

志田諄一「蘇我臣」（『古代氏族の性格と伝承』雄山閣、一九七二年）。

篠川賢『飛鳥の朝廷と王統譜』（吉川弘文館、二〇〇一年）。

篠川賢『日本古代の王権と王統』（吉川弘文館、二〇〇一年）。

篠川賢『物部氏の研究』（雄山閣、二〇〇九年）。

白石太一郎・吉村武彦編『争点日本の歴史2古代編Ⅰ』（新人物往来社、一九九〇年）。

新川登亀男『上宮聖徳太子伝補闕記の研究』（吉川弘文館、一九八〇年）。

新川登亀男『聖徳太子の歴史学』（講談社、二〇〇七年）。

鈴木靖民「東アジア諸民族の国家形成と大和王権」（『講座日本歴史I』東京大学出版会、一九八四年）。

鈴木靖民・遠山美都男『聖徳太子とその時代』（日本放送出版協会、一九九五年）。

鈴木靖民編『日本の時代史2倭国と東アジア』（吉川弘文館、二〇〇二年）。

関晃『大化改新の研究・上・関晃著作集第一巻』（吉川弘文館、一九九六年）。

関晃『大化改新の研究・下・関晃著作集第二巻』（吉川弘文館、一九九六年）。

関晃『古代の帰化人・関晃著作集第三巻』（吉川弘文館、一九九六年）。

千田稔『古代日本の歴史地理学的研究』（岩波書店、一九九一年）。

千田稔『飛鳥―水の王朝』（中央公論社、二〇〇一年）。

薗田香融『日本古代財政史の研究』（塙書房、一九八一年）。

武田佐知子『信仰の王権・聖徳太子』（中央公論社、一九九一年）。

田中卓『日本国家の成立と諸氏族』田中卓著作集2（国書刊行会、一九八六年）。

田中嗣人『聖徳太子信仰の成立』（吉川弘文館、一九八四年）。

田村圓澄『聖徳太子』（中央公論社、一九六四年）。

田村圓澄『飛鳥仏教史研究』（塙書房、一九六九年）。

田村圓澄『飛鳥・白鳳仏教史』上（吉川弘文館、一九九四年）。

塚口義信『神功皇后伝説の研究』（創元社、一九八〇年）。

塚口義信「葛城県と蘇我氏」（『続日本紀研究』二三一・二三二、一九八四年）。

塚口義信「葛城の一言主大神と雄略天皇」（『堺女子短期大学紀要』二〇、一九八五年）。

塚口義信『ヤマト王権の謎を解く』（学生社、一九九三年）。

津田左右吉『日本上代史の研究』（岩波書店、一九四七年）。

津田左右吉『日本古典の研究』下（岩波書店、一九五〇年）。

遠山美都男『大化改新』（中央公論社、一九九三年）。

遠山美都男『古代王権と大化改新』（雄山閣、一九九九年）。

遠山美都男『聖徳太子はなぜ天皇になれなかったのか』（角川書店、二〇〇〇年）。

遠山美都男『天皇と日本の起源』（講談社、二〇〇三年）。

遠山美都男『古代日本の女帝とキサキ』（角川書店、二〇〇五年）。

遠山美都男『蘇我氏四代の冤罪を晴らす』（学習研究社、二〇〇八年）。

遠山美都男編『日本書紀の読み方』（講談社、二〇〇四年）。

直木孝次郎『日本古代国家の構造』（青木書店、一九五八年）。

直木孝次郎『日本古代の氏族と天皇』（塙書房、一九六四年）。

直木孝次郎『古代国家の成立・日本の歴史2』（中央公論社、一九六五年）。

直木孝次郎『日本古代兵制史の研究』（吉川弘文館、一九六八年）。

直木孝次郎『奈良』（岩波書店、一九七一年）。

直木孝次郎『飛鳥奈良時代の研究』（塙書房、一九七五年）。

直木孝次郎『飛鳥 その光と影』（吉川弘文館、一九九〇年）。

直木孝次郎『難波宮と難波津の研究』（吉川弘文館、二〇〇四年）。

中尾芳治『難波宮の研究』（吉川弘文館、一九九五年）。

中村修也「紀氏の性格に関する一考察」（『地方史研究』三七—九、一九八七年）。

中村修也『女帝と聖徳太子』（光文社、二〇〇四年）。

中村修也『偽りの大化改新』（講談社、二〇〇六年）。

難波宮址を守る会編『難波宮と日本古代国家』（塙書房、一九七七年）。

奈良県立橿原考古学研究所編『発掘された古代の苑池』（学生社、一九九〇年）。

奈良県立橿原考古学研究所付属博物館『聖徳太子の遺跡』二〇〇一年。

奈良文化財研究所『大和吉備池廃寺—百済大寺跡—』（吉川弘文館、二〇〇三年）。

仁藤敦史「上宮王家と斑鳩」（『新版古代の日本⑥』近畿Ⅱ、角川書店、一九九六年）。

仁藤敦史『古代王権と都城』（吉川弘文館、一九九八年）。

野田嶺志「物部氏に関する基礎的考察」（『史林』五一—二、一九六八年）。

林部均『古代宮都形成過程の研究』（青木書店、二〇〇一年）。

林屋辰三郎『古代国家の解体』（東京大学出版会、一九五五年）。

原島礼二『日本古代王権の形成』（校倉書房、一九七七年）。

日野昭『日本古代氏族伝承の研究』（永田文昌堂、一九七一年）。

日野昭『日本古代氏族伝承の研究続篇』（永田文昌堂、一九八二年）。

平野邦雄「秦氏の研究（一）（二）」（『史学雑誌』七〇―三・四、一九六一年）。

平野邦雄『大化前代社会組織の研究』（吉川弘文館、一九六九年）。

平野邦雄『大化前代政治過程の研究』（吉川弘文館、一九八五年）。

平林章仁「聖徳太子と敏達天皇後裔王族」（『日本書紀研究』第十六冊、塙書房、一九八七年）。

平林章仁『蘇我氏の実像と葛城氏』（白水社、一九九五年）。

平林章仁『七世紀の古代史』（白水社、二〇〇二年）。

福山敏男『日本建築史研究』（墨水書房、一九六八年）。

福山敏男『日本建築史研究続編』（墨水書房、一九七一年）。

福山敏男『奈良朝寺院の研究』（綜芸舎、一九七八年）。

二葉憲香『古代仏教思想史研究』（永田文昌堂、一九六二年）。

星野良史「百済大寺の創立に関する一考察」（『法政大学大学院紀要』十六、一九八六年）。

星野良作「皇極二年時に於ける蘇我氏の権力」（『日本歴史』二五三、一九六九年）。

前田晴人『日本古代の道と衢』（吉川弘文館、一九九六年）。

前田晴人『飛鳥時代の政治と王権』（清文堂出版、二〇〇五年）。

前田晴人『古代出雲』（吉川弘文館、二〇〇六年）。

前田晴人『三輪山―日本国創成神の原像』（学生社、二〇〇六年）。

前田晴人『古代女王制と天皇の起源』（清文堂出版、二〇〇八年）。

前田晴人『倭の五王と二つの王家』（同成社、二〇〇九年）。

前田晴人『継体天皇と王統譜』（同成社、二〇一〇年）。

増田一裕「見瀬丸山古墳の被葬者（上・下）」（『古代学研究』一二四・一二五、一九九一年）。

松尾光『古代の豪族と社会』（笠間書院、二〇〇五年）。

黛弘道「大和国家の財政」（『日本経済史大系』Ⅰ古代、東京大学出版会、一九六五年）。

黛弘道「ソガおよびソガ氏に関する一考察」（『上代文学論叢』桜楓社、一九六八年）。

黛弘道『律令国家成立史の研究』（吉川弘文館、一九八五年）。

黛弘道『物部・蘇我氏と古代王権』（吉川弘文館、一九九五年）。

黛弘道編『古代を考える　蘇我氏と古代国家』（吉川弘文館、一九九一年）。

黛弘道・武光誠編『聖徳太子事典』（新人物往来社、一九九一年）。

水谷千秋『謎の豪族蘇我氏』（文芸春秋、二〇〇六年）。

水野祐『日本古代王朝史論序説〔新版〕』（『水野祐著作集1』、早稲田大学出版部、一九九二年）。

水野柳太郎「百済大寺と大安寺」（『日本上古史研究』五―十一、一九六一年）。

溝口睦子『日本古代氏族系譜の成立』（学習院、一九八二年）。

村田治郎「四天王寺創立史の諸問題」（『聖徳太子研究』2、一九六五年）。
森公章編『倭国から日本へ・日本の時代史3』（吉川弘文館、二〇〇二年）。
森浩一『古墳の発掘』（中央公論社、一九六五年）。
森博達『日本書紀の謎を解く』（中央公論新社、一九九九年）。
毛利光俊彦「仏教の開花」（『新版古代の日本⑥』近畿Ⅱ、角川書店、一九九一年）。
八木充『日本古代政治組織の研究』（塙書房、一九八六年）。
安井良三「物部氏と仏教」（『日本書紀研究』第三冊、塙書房、一九六八年）。
山尾幸久『日本古代王権形成史論』（岩波書店、一九八三年）。
山尾幸久『日本国家の形成』（岩波書店、一九七七年）。
山尾幸久『カバネの成立と天皇』（吉川弘文館、一九九八年）。
山田英雄「中臣鎌足伝について」（『日本歴史』五八、一九五三年）。
山本信吉「内臣考」（『国学院雑誌』六二―九、一九六一年）。
横田健一『白鳳天平の世界』（創元社、一九七三年）。
横田健一『日本古代神話と氏族伝承』（塙書房、一九八二年）。
横田健一『日本書紀成立論序説』（塙書房、一九八四年）。
横田健一『飛鳥の神がみ』（吉川弘文館、一九九二年）。
義江明子「天寿国繡帳銘系譜の一考察」（『日本史研究』三二五、一九八九年）。

義江明子「推古天皇の讃え名〝トヨミケカシキヤヒメ〟を巡る一考察」(『帝京史学』一七、二〇〇二年)。

吉田晶『日本古代国家成立史論』(東京大学出版会、一九七三年)。

吉田晶『古代の難波』(教育社、一九八二年)。

吉田晶『古代日本の国家形成』(新日本出版社、二〇〇五年)。

吉村武彦『日本の歴史③古代王権の展開』(集英社、一九九一年)。

吉村武彦『日本古代の社会と国家』(岩波書店、一九九六年)。

吉村武彦『古代天皇の誕生』(角川書店、一九九八年)。

吉村武彦『古代を考える 継体・欽明朝と仏教伝来』(吉川弘文館、一九九九年)。

吉村武彦『聖徳太子』(岩波書店、二〇〇二年)。

若月義小『冠位制の成立と官人組織』(吉川弘文館、一九九八年)。

和歌山県文化財センター編『謎の古代豪族紀氏』(清文堂出版、一九九九年)。

和田萃「飛鳥びとの生活」(『日本生活文化史』第二巻、河出書房新社、一九七四年)。

和田萃「横大路とその周辺」(『古代文化』二六―六、一九七四年)。

和田萃「紀路と曽我川」(『古代の地方史3畿内編』朝倉書店、一九七九年)。

和田萃『日本古代の儀礼と祭祀・信仰』上・中・下(塙書房、一九九五年)。

和田萃『飛鳥』(岩波書店、二〇〇三年)。

渡里恒信『日本古代の伝承と歴史』(思文閣出版、二〇〇八年)。

おわりに

蘇我氏とは何かというとてつもなく大きく漠然としたテーマを掲げてみた。従来の蘇我氏論には賛同できない問題が数多く残されており、これまでの蘇我氏像を再構築すべき時期にきていると考え、思い切って自分なりの新たな構想を公表しようと決意した次第である。拙論が成功しているか否かはすべて賢明な読者の判断におまかせしようと思う。本書が後学の研究のために少しでも役立つ仕事になっているなら幸いである。

蘇我氏は葛城氏の後裔でもなく、百済人木満致の子孫でもないことを論証することに全力を挙げて取り組んだ。蘇我氏はこれまで言われてきたような大和の典型的な在地豪族ではなく、五世紀の王統譜に出自する王族の末裔であったと考えられ、しかもその本拠地は当初より飛鳥の西辺にあったと推定されるのである。本文で指摘したように、蘇我の氏名の由来が通説のようにどうも地名とは解し難いこと、稲目の歴史への登場の仕方が余りにも唐突で、しかも稲目の時期の蘇我氏は在地豪族としての体を成していなかった理由などを明らかにする必要を痛感したからである。

さらに歴代の蘇我大臣は穴穂部王子の殺害・物部大連守屋一族の討滅・崇峻大王の暗殺・境部臣摩理勢一族の討滅・上宮王家の殲滅など、たとえ帝王であっても自分にとって不都合な人物や上位集団などを無遠慮に次々と滅ぼしているのであり、蘇我氏には大王家と通ずる何らかの特殊な性格・歴史が潜在しているのではないかという疑問を自分なりに解決する必要性に迫られたのである。

得られた結論はまことに寥々たるものであるが、稲目・馬子の時代に築き上げた欽明王統との外戚関係を急速に清算しながら、蝦夷・入鹿は皇極朝において彼らの主張する真実の祖先系譜に見合った大王―大臣を軸とする独裁的な権力機構を自ら創立し、それに即応する王政を断行しようとしたことが明らかになってきた。この動きを阻止した主要な勢力が軽王子・中大兄王子・中臣鎌子らの改新派であるが、乙巳の変とは、既存の王家を護持しようとする改新派が蘇我大臣家を暴力的な手段を用いて滅亡させただけの政変なのではなく、二つの競合する王統の王位争奪戦・権力闘争の最終的な決着であったというのが本書における私の結論である。

蘇我氏は稲目の時に欽明大王に仕える廷臣となったが、その祖先は允恭大王以来の血筋を誇る歴とした王族であった。蝦夷・入鹿の代にその王族としての本性が顕在化し、蝦夷自身が大王に就任して王政を開始し皇極女帝の朝廷に代わる権力を行使しようとしたのである。蝦夷・入鹿は欽明・敏達王統に代わる新たな王統の創始を目論み、それに強い危機感を懐いたグループの手で族滅させられたのだと考えられるのであり、二系列の王統が初めて形成された五世紀初頭以来続いてきた王統の分裂が、乙巳の変によりようやく解消され一系に統合されたのだと評すべきではなかろうか。

最後になったが、今回も本書の刊行を同成社にお願いしたところ快くお引き受けいただき、まことにありがたく厚く感謝申し上げる次第である。一昨年末以来相次いで『倭の五王と二つの王家』『継体天皇と王統譜』の二著を公刊していただいており、目下日本古代の王統および王統譜の成立に関わる研究を多面的に進めている私としては何にもまして喜ばしく幸せなことである。

二〇一一年

前田　晴人

蘇我氏《そがし》とは何《なに》か

■著者略歴■

前田　晴人（まえだ　はると）

1949年　大阪市生まれ

1977年　神戸大学大学院文学研究科修士課程修了

現　在　大阪経済法科大学教養部特任教授

主要著書

『日本古代の道と衢』（吉川弘文館、1996年）、『女王卑弥呼の国家と伝承』（清文堂出版、1999年）、『古代王権と難波・河内の豪族』（清文堂出版、2000年）、『飛鳥時代の政治と王権』（清文堂出版、2005年）、『古代出雲』（吉川弘文館、2006年）、『古代女王制と天皇の起源』（清文堂出版、2008年）、『倭の五王と二つの王家』（同成社、2009年）、『継体天皇と王統譜』（同成社、2010年）

2011年4月10日発行

著　者　前　田　晴　人

発行者　山　脇　洋　亮

組　版　(有)　章　友　社

印　刷　モリモト印刷(株)

製　本　協　栄　製　本　(株)

発行所　東京都千代田区飯田橋 4-4-8 東京中央ビル内　(株) 同成社

TEL 03-3239-1467　振替 00140-0-20618

ISBN978-4-88621-557-4 C3021